緒方竹虎 リベラルを貫く

渡邊行男

◉弦書房

まえがき

本年五月号『正論』は「朝日はリベラル新聞人『緒方竹虎』へ回帰せよ」という論文を載せています。元朝日新聞社常務青山昌夫氏の筆になるものです。この論文の要旨は、さきに世間を騒がせたNHKと朝日新聞の「女性戦犯法廷」問題や「従軍慰安婦」問題に関する争いに寄せて、新聞は偏狭、独善であってはならないとし、朝日新聞OBとして後輩に忠告しているのですが、そのためには「リベラル新聞人」緒方竹虎に回帰せよと言うのです。

緒方竹虎が没して今年で五十年ですが、いまなぜ緒方竹虎なのか？　はたいへん興味深いことです。青山氏はかつて二・二六事件で朝日新聞社が反乱軍に襲撃されたとき、反乱軍将校の構えるピストルの前に立ち、「社には女性も少年もいる、退去させてもらいたい」と堂々と掛け合った勇気や軍の圧力下で新聞の自由を守ろうとした努力、右翼の暴力に再度命を狙われても屈しなかった勇気などを挙げて、「言論人よ、誇りを持て」と呼びかけているのです。

政治家としても、緒方は早く一九五二年に吉田首相に内閣情報局の設置を進言しています。世界の情報をいち早くキャッチする必要を言論界出身者として訴えたわけですが、野党をはじめとして「戦時の情報局の復活だ」として猛反対に逢い、実現しませんでしたが、情報の必要なことは今日では誰でも知っています。

緒方は晩年、副総理として吉田首相に退陣を迫りますが、これとて自由党最大の危機の中で、党存続のためにあえて不幸な役目を負うたのです。

晋《しん》書に「棺を蓋《おお》いて事定まる」とあります。人の真価や業績は死後において定まるというのですが、死後五十年、緒方竹虎のような清潔で高邁な識見に支えられたリーダーの出現が切に望まれるときです。

渡邊　行男

緒方竹虎　リベラルを貫く◉目次

＊本文中の引用写真の表示のうち㊖は、『緒方竹虎』（修猷通信編）、㊥は『緒方竹虎』（朝日新聞社）、㊢は『目で見る議会政治百年史』（衆議院・参議院編）を示しています。

第一章　二・二六事件と朝日新聞社襲撃

「社には女も子供もいる」

その日の早朝、外はまだ暗かったが、大久保百人町（東京都新宿区）の緒方の家に、朝日新聞社会部の磯部から電話があった。

「今暁、軍のクーデターがありました。岡田啓介首相、斎藤実《まこと》内大臣、高橋是清《これきよ》蔵相その他の人が殺されました。おそらく戒厳令が布かれるでしょうが、いま新聞社の車を回しますから、すぐ来て下さい」

「わかった」

　緒方は身支度をととのえ、社の車を待った。車が来たのは八時ごろだったろうが、その前に旧知の「信濃毎日新聞」の小坂順三からも、「昨夜なにか事件があったのではないか。自分のところの向かいの後藤文夫君（内務大臣）の宅が大騒ぎをしていた」との問い合わせがあった。

　車が九段下までくると、憲兵司令部の前が通れなくて、神田の南の方を迂回して、有楽町の本社に着いたのは八時五十分ごろであった。

　車の中でも緒方はいろいろに想いをめぐらせていた。考えてみると、二月十日頃、青年将校の指揮する麻布第三連隊の兵士が夜間演習と称して警視庁を占領する演習を行なったし、つい数日前、皇道派将校の一部が、東京朝日新聞社を見学に訪れ、屋上で写真を撮っていた。これらはすべて予行演習、偵察であったが、緒方はまったく予想もしなかった。かねてから朝日新聞社は自由主義的色彩をもつとして、皇道派青年将校の攻撃目標だったのである。

　車の中で緒方の頭をよぎったのは、勝海舟が書いたもののなかで、「刺客に遭ったときには相手に攻撃のきっかけを与えるな」ということばであった。もし反乱軍が新聞社を占拠して、かれらの方針に従って新聞を編集しろと命令されたらどうするか。それが新聞社としてはいちばん警戒を要する点であった。

　当時、主筆の部屋は四階にあったが、三階の編集局長室で美土路《みとろ》昌一《まさいち》局長らと話していると、何か表の方でがたがたして、兵隊が大声を出しているというので、緒方らはバルコニーに出てみた。すると日本劇場の前の電車通りに兵隊が円陣をつくり、銃口を日比谷方向に向けて射ち方の姿勢をとっている。

「こりゃ市街戦になる。何か向こうから攻めてくるのでここで防ぐのか、朝日新聞を守ってくれているんだろう」

赤坂・山王ホテル前の反乱軍（議）

迂闊《うかつ》な話だが、そんな話をしていた。

そこへ守衛の一人が色をなして飛んで来て、

「いま反乱軍の将校らしい者が下に来て、代表者を出せというのですが、どうしましょうか」

と言う。

緒方は美土路に「僕が行って来よう」ときわめて平静に言い、大阪朝日に電話して事情を説明しておいて、エレベーターで下に降りた。このとき、エレベーター・ガールの菊池滋子という女性が、すこしも取り乱したふうもなく扉を開けて待っていてくれ、それを見て緒方もなんとなく落ち着いて、ガラスに姿を映してネクタイを直したものだった。

一階でエレベーターを出ると、一段低くなったところに、中尉の肩章をつけた男が、右手にピストルを持ち、目をまっ赤にして立っている。「こいつだな」と思ったから、顔がくっつくくらいに立って、朝日新聞主筆の名刺を出し、

「僕が代表者だが」

と言うと、相手はちょっとひるむような様子を見せ、緒方に会釈しているように見えた。相手が拳銃を向けたら手もとに飛び込んで叩き落としてやろうと思っていたが、これなら大丈夫だと瞬間思った。両者は無言で対峙《たいじ》した。二十秒か三十秒だったろうが、ずいぶん長い時間に感じられた。

中尉は右手を上げて天井を見ながら「国賊朝日をやっつけるのだ」と怒鳴った。なんだかテレかくしに虚勢を張っているように緒方には見えた。もうそのときは緒方も落ち着いていたので、

「ちょっと待ってくれ、社には女も子供もいるので、それを出すまで待ってくれ」

と言うと、「よし、待つ」と言う。

緒方はエレベーターで三階の編集局に寄ると、印刷局長の久野八十吉が「生きていたのか」というような顔をして飛んできた。美土路や連絡部長鳥越雅一に「こういうわけで、すぐに兵隊が入って来そうだから、社に来ている人は外に出て待機していてもらおう」と指示しておいて、四階の主筆室に入り、机上を片づけ、大阪にも電話していちばんあとから階段を下に降りて行くと、剣着き銃の兵隊がどんどん上がってくる。その間を抜けて表へ出ると外は拍子抜けするほど静かだった。

やがて反乱軍兵士はトラックに乗って引き揚げた。緒方が編集局にもどると、机の上に「蹶起《けっき》趣意書」が貼りつけてあった。これを新聞に掲載させるために来たのであろう。

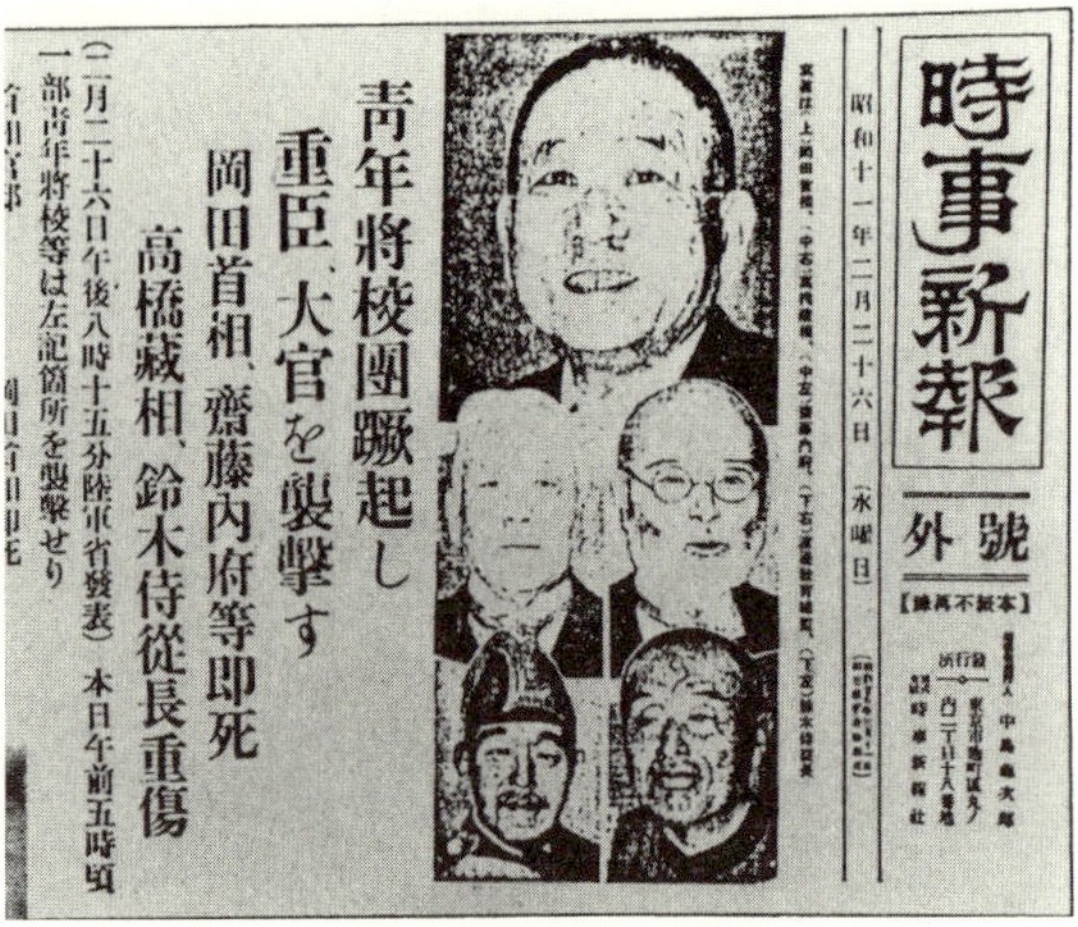
時事新報

號外

昭和十一年二月二十六日（水曜日）

青年將校團蹶起し

重臣、大官を襲撃す

岡田首相、齋藤内府等即死

高橋藏相、鈴木侍從長重傷

（二月二十六日午後八時十五分陸軍省發表）本日午前五時頃一部青年將校等は左記箇所を襲撃せり

2.26事件を報ずる号外（議）

営業局長の石井光次郎が守衛から電話を受けたのは、兵隊が朝日社屋に入ってきて、いろんなものを壊しているという最中だった。すぐ出社してみると、兵隊は引き揚げたあとだったが、印刷活字はひっくり返され、輪転機には砂をかけ、回らないようにしてあり、これでは印刷にかかれない。ところが、兵隊たちが見落としたところに、練習生のための活字部があって、ひと通り揃っている。新聞二ページ分は刷れる。そこで幹部の会議を開いて協議したが、夕刊を出せば、まだ残っていたのかと、再び兵隊がやってくるかもしれない、夕刊はやめておこうということになり、二日目から平常通り発刊した。

余談だが、例のエレベーターの菊池滋子嬢はのちに回想して「事件のあとで緒方さんから、よくこわくなかったね、ご苦労さんでしたと、ありがたいお言葉をいただきまして、いまだに忘れることはできません、ほんとうに恐縮いたします」と語っていた。

このときの緒方の反乱軍に対する対応は長く朝日社内で語り草になった。

朝日を襲った隊の指揮者は、高橋蔵相を襲った中橋基明という中尉であることが、あとで写真を見て判ったと緒方は語っている。最近（平成十五年一月）刊行された北博昭『二・二六事件全検証』（朝日選書）によると、平成五年から公開され始めた東京地検保管の二・二六事件裁判記録原本には、朝日襲撃は事件の首謀者の一人栗原安秀中尉（岡田首相襲撃）が、中橋中尉、池田俊彦少尉らを伴い、下士官兵約五十名で乗用車一台、貨物自動車二台に分乗、襲撃したという。指揮した栗原の供述では「これは予定計画にはなかったので、私は当時の状況上、独断の作業として行なった」ということである。

青年将校団と幕僚グループ

二・二六事件についてはこれまでにも多くの研究書が出されているが、北博昭氏の『二・二六事件全検証』が出版されるに及んで、それまで東京地方検察庁の倉庫で眠っていた膨大な「二・二六事件記録」の公開により、事件の正確な全貌が明らかとなった。いまその資料をもとに、事件の概要を綴ってみたい。

二・二六事件はいわゆる皇道派青年将校団によって起こされた。この皇道派青年将校団とはどういうものか。その淵源は大正十年（一九二一）にさかのぼる。

この年、ドイツの温泉保養地バーデン・バーデンに、欧州各地の駐在武官有志、永田鉄山《てつざん》、岡村寧次《やすじ》、小畑敏《とし》四郎の各少佐（陸軍士官学校第十六期）が集まり、おくれて一期下の東条英機《ひでき》も参加した。かれらは日本軍制の改革、総力戦体制の確立、軍内の派閥解消などを申し合わせた。当時の陸軍は山県有朋《ありとも》元帥にはじまって、桂太郎、田中義一《ぎいち》とつらなる長州閥《ちょうしゅうばつ》に支配されているとかれらは考えていた。この長州閥は宇垣一成《かずしげ》（岡山県）へと受け継がれて行く。

永田たちは帰国ののちも研究会をもち、二葉会、一夕会《いっせきかい》へと発展させる。一夕会のできた昭和四年（一九二九）ころは宇垣大将の長州閥が、教育総監武藤信義《のぶよし》大将（佐賀県）や上原勇作《ゆうさく》元帥（薩摩系）の九州閥を圧倒していた。

永田らの一夕会は、当時冷飯を食っていた荒木貞夫、真崎甚三郎《まさきじんざぶろう》、林銑《せん》十郎の三中将を擁立しようと考える。三中将は九州閥であったから、結果的に一夕会は九州閥と結ぶことになる。因みに三中将の出身地は荒木が東京、真崎が佐賀、林が石川である。

昭和六年（一九三一）満州事変が起こったが、この収拾に失敗した民政党の若槻《わかつき》礼次郎内閣が退陣し、政友会総裁に担ぎ出されていた犬養《いぬかい》毅《つよき》が組閣する。この内閣には一夕会の推す荒木貞夫が陸軍大臣として入閣する。陸軍省軍事課長になっていた永田鉄山大佐は、一夕会のメンバーで陸軍中央の主要中堅ポストをほぼ独占する体制を推進する。軍事課長は陸軍軍政上の枢要ポストであった。のちに永田が中心となって、一夕会のメンバーの大半で統制派をつくり、これが皇道派にかわり陸軍の主導権をにぎる。

荒木陸相就任後の陸軍の人事は主として九州閥（出身地に限らず）で握られ、この党派的な軍上層を皇道派と呼ぶようになる。荒木や真崎が惟神《かんながら》の道の精神論を強調したからである。

この皇道派はもと上層のことであったが、隊付き青年将校たちから支持され、皇道派青年将校と呼ばれるようになる。かれらは、荒木陸相を擁立して「国体原理に基づく革新思想によって粛軍を行い、全陸軍を革新勢力として、国内改造に進む」ことを目標とした。

昭和七年（一九三二）五月十五日の夕刻、東京永田町の首相官邸に、海軍青年将校、陸軍士官候補生の一団が襲い、犬養首相を暗殺するという五・一五事件が起こった。戒厳布告による国家革新を企てたが、失敗に終わった。陸軍皇道派にも誘いがあったが、時期尚早として参加しなかった（安藤輝三大尉公判調書）。後継首班には斎藤実海軍大将が任じられたが、荒木陸相は留任した。

斎藤内閣の五相会議（首、外、蔵、陸、海）で、陸軍充実革新案が高橋蔵相と広田外相の強力な反対で潰《つぶ》れ、荒木陸相は面目を失った。ほかにも荒木陸相の政治力の弱さを見せつけることがあり、荒木は皇道派青年将校からだんだん見放され、かれらは真崎大将をかつぐようになる。

永田らの幕僚将校グループも荒木からはなれ、一夕会も自然消滅する。幕僚グループは、皇道派上層部をかつぐ青年将校らの革新運動を批判し、青年将校団と対立した。

荒木は病気を理由に辞任し、後任陸相には荒木の推す真崎ではなく、参謀総長閑院宮《かんいんのみや》戴仁《ことひと》親王元帥の意向で林銑十郎大将にきまった。真崎は宮に嫌われていた。真崎は教育総監になった。林陸相のもと、永田グループのリーダー永田鉄山少将は軍務局長に抜擢される。陸軍軍政の要《かなめ》である。永田局長の実現には東条英機少将ら幕僚グループの運動があった。

林陸相も永田局長に同調し、統制派と見なされるようになる。このようななか、昭和九年(一九三四)八月の定期異動で、永田ら統制派は皇道派上層部を排除する。皇道派大番頭格の陸軍次官柳川平助中将は第一師団長に出された。真崎大将は日記にこう書く。「今日迄、予は自己の苦痛を忍び、同僚の為に隠忍自重し来りたり。将来も亦同方針にて進むべきも、彼(林陸相)との精神的結合は全く破れたり」。

永田局長の下で、皇道派将校たちの運動も圧迫された。統制派は九年十月いわゆる陸軍パンフレット『国防の本義と其《その》強化の提唱』なるものを出版したが、これは永田イズムの色濃いもので、国家総動員体制の整備と国防軍事の充実、統制経済への移行などがうたわれ、全体の調子は政党と議会主義への挑戦であった。

昭和十年七月、林陸相と閑院総長宮が陸軍三長官会議の席で真崎の教育総監辞任を迫った。真崎は抵抗したが押し切られた。

皇道派青年将校は怒った。二・二六事件首謀者の一人栗原安秀は裁判で述べる。

「私ら青年将校はそれを統帥権干犯と確信しました。そしてその元凶と目された永田軍務局長に対する憤激の声は漸次昂《ぜんじこう》じました」

この憤激が相沢中佐による永田局長斬殺となって表れた。

昭和十年（一九三五）八月十二日朝、台湾の歩兵第一連隊付に赴任途中の皇道派将校相沢三郎中佐が、三宅坂の陸軍省に立ち寄った。彼はそのまま軍務局長室を訪ねる。無言のまま軍刀を抜き、机に向かって坐っていた永田局長の左側に行き、これに気づいた永田が右に避けて、来訪対談中の軍人のところに行くと、相沢はうしろから永田の背に第一刀を斬りつけた。このとき相沢が「天《てん》誅《ちゅう》！」と叫んだと劇的に描いている本もあるが、軍法会議判決書には、無言のままとある。

この事件の責任をとって林陸相が辞任し、川島義之《よしゆき》大将が陸相となった。川島は派閥的色彩のないところを買われた。相沢は死刑の判決を受け、翌年七月銃殺された。

相沢の公判が始まる前、「第一師団が満州に派遣される」という噂《うわさ》が流れた。この師団には皇道派青年将校栗原中尉、安藤大尉、香田《こうだ》清貞《きよさだ》大尉などがいる。かれらは「第一師団の渡満前に、主として在京同志で急いで事を挙げねばならぬ」と考えた。栗原中尉が中心になって襲撃計画をたてた。

昭和十一年（一九三六）二月二十六日午前五時、近衛歩兵第三連隊、歩兵第一連隊、歩兵第三連隊は襲撃目標を襲った。その日の朝、東京は三十年ぶりという大雪であった。栗原中尉隊は永田町の首相官邸、中橋中尉隊は赤坂表町の高橋大蔵大臣私邸、坂井中尉隊は四谷の斎藤内大臣私邸、安藤大尉隊は三番町の鈴木侍従長官舎、安田少尉・高橋少尉隊は杉並の渡辺錠太郎教育総監私邸をそれぞれ襲撃した。岡田首相は女中部屋の押し入れに隠れて無事、代わりに義弟の松尾大佐が射殺された。斎藤内大臣、高橋蔵相、渡辺教育総監は即死、鈴木侍従長は重傷。ほかに河野寿大尉隊は神奈川県湯河原町に滞在中の前内大臣牧野伸顕《のぶあき》を襲ったが逃れて無事、静岡県興津《おきつ》別邸の元老西園寺公望《きんもち》も狙われたが未遂に終わった。

また野中大尉隊は警視庁、丹生《にう》中尉隊は陸軍省、参謀本部、陸相官邸をそれぞれ占拠した。丹生隊には村中、磯部、香田大尉が同行し、川島陸相に面会を求めた。

昭和維新実現のクーデターは成功したかにみえたが、二十七日以降急転換する。従来の史書は昭和天皇が最初から「反乱軍討伐」の強い意志であったと述べるが、果たして真相はどうか。

昭和天皇の決断

木戸幸一《こういち》内大臣秘書官長は午前五時二十分に、斎藤内大臣私邸の書生からの電話で事件の発生を知る。本庄繁侍従武官長も五時ごろ、女婿《じょせい》の第一師団第一連隊の週番司令山口一太郎大尉から連絡を受けた。山口は決起部隊の出動を黙認したのである。

本庄も木戸も六時ごろ参内《さんだい》した。本庄からすでに連絡を受けていた甘露寺《かんろじ》受長《おさなが》侍従がすぐ天皇を起こすと、天皇は「とうとうやったか」と言われ、「まったく私の不徳のいたすところだ」と呟き、しばし茫然と立たれていた（甘露寺『天皇さま』）。

本庄は六時すぎに天皇に拝謁した。「陛下ニハ非常ニ御深憂ノ御様子ニテ早ク事件ヲ終熄《しゅうそく》セシメ、禍《わざわい》ヲ転ジテ福トナセ」（『本庄繁日記』）と言われた。
木戸は常侍官室で湯浅倉平宮内《くない》大臣、広幡忠隆《はた》侍従次長と協議した。木戸は斎藤内大臣の代わりであり、広幡は重傷の鈴木侍従長の代わりである。かれらは「全力を反乱軍鎮圧に集中する」「暫定内閣は反乱軍の成功となるので、成立させない」と申し合わせ、これを陛下に申し上げると陛下も同感であった。以後、天皇もこの方針で臨むことを決意される。

九時ごろ拝謁した川島陸相に対して、天皇は、

「今回のことは精神の如何《いかん》を問わず甚《はなは》だ不本意である。国体の精華を傷つけるものと認む」（木戸日記より）

と言われた。

陸相官邸を占拠した村中、磯部、香田らは川島陸相に面会を求め、「蹶起趣意書」と「陸軍大臣に対し要望すべき事項」を読み上げた。この会合には次々と皇道派上級将校たちも加わり、陸相からの連絡で陸軍次官古荘《ふるしょう》幹郎《もとお》中将、軍事参議官真崎大将も参席した。真崎大将は胸に勲一等旭日大綬章を佩《はい》していたという。昭和維新成就ののち、大命降下を予定してのことだったと解される。

午後、宮中で非公式の軍事参議官会議が開かれ、ここで「陸軍大臣より」という決起将校説得の案文が協議された。案文は軍事調査部長山下奉文《ともゆき》（のちに大将、マニラで絞首刑）の作成したものという。この案文が修正されて「陸軍大臣告示」となる。

余談だが、昭和五十七年（一九八二）二月の憲政記念館「憲政史特別展（第五回）」で昭和史を初めて採り上げ、筆者は片倉衷《ただし》氏（事件当時少佐、磯部から陸相官邸前で拳銃で射たれ負傷）から借用した「陸軍大臣告示」を展示した。たまたまこれを参観した『二・二六事件』（中公新書・現在まで四十版以上）の著者高橋正衛氏が筆者に「ここに一五〇点ほどの貴重な資料が展示されているが、第一番は『陸軍大臣告示』ですね。私も初めて見ました」と言われ、大いに面目を施したことがある。高橋氏ほどの研究者でも、活字では知っていたが、朱筆入りの原本は初めて見たというのである。片倉氏は当時陸軍省に務めていて、皇道派から目の仇にされていたと、筆者に語った。

さて、強硬になった天皇は、とかく青年将校を弁護するような本庄侍従武官長にきびしい態度で言われる。

翌二十七日の本庄日記。

「朕ガ股肱《ここう》ノ老臣ヲ殺戮《りく》ス、此ノ如キ兇暴ノ将校等、其精神ニ於テモ何ノ恕《じょ》スベキモノアリヤト仰セラレ、又或時ハ、

朕ガ最モ信頼セル老臣ヲ悉《ことごと》ク倒スハ、真綿ニテ、朕ガ首ヲ締ムルニ等シキ行為ナリ、ト漏ラサル」

さらに同日、軍首脳が反乱軍鎮圧に躊躇していると、

「朕自ラ近衛師団ヲ率ヒ、此ガ鎮定ニ当ラン」

と言われた。三十六歳の分別ある天皇の決断である。それかあらぬか、軍当局の反乱部隊に対

反乱軍兵士に帰順を求めるアドバルーン（議）

する名称も順次変わって行く。二十六日警備司令部「本朝来行動しある諸部隊」、二十七日戒厳司令部「占拠部隊」、二十八日戒厳司令部「騒擾《そうじょう》部隊」「占拠部隊」「反抗部隊」「反乱部隊」「叛乱部隊」。軍中枢も動揺していた。

二月二十八日午前五時八分、決起部隊を所属原隊に復帰させよという奉勅命令が下達された。これは参謀総長が天皇の勅を奉じて部隊に命を下すことである。

これを実行に移すため、川島陸相、参謀次長杉山元中将（閑院宮総長は病気と称して欠席）、香椎戒厳司令官の名による武力行使を避けるための天皇への上奏案が作成されるが、杉山次長がこれを拒否、武力鎮圧を主張した。これに石原莞爾戒厳参謀が同調する。反乱軍はあせった。

しかも頼みの綱の軍事参議官真崎大将、荒木大将に（奉勅命令は）「仕方がない」と突き放された。皇道派将軍も大勢にのったのである。反乱軍将校は自決し、下士官・兵は兵営に帰すときまり、「勅使を賜りたい」と申し出た。本庄侍従武官長がこれを取り次ぐと、天皇は「自殺スルナラバ勝手ニ為スベク、此ノ如キモノニ勅使抔《など》、以テノ外ナリト仰セラレ」（本庄日記）とご不満の口調であった。

決起部隊は抗戦準備に出る。戒厳司令部も「二十九日午前五時以後は攻撃を開始し得る準備をなすよう」下令する。かくて、戦車、装甲車、野砲まで持った約二万名の包囲部隊の前に反乱軍は屈し、二十九日午後には鎮定した。同日午前八時ごろから飛行機三機が謄写《とうしゃ》版刷りのビラを撒布した。有名な「今カラデモ遅クナイカラ原隊へ帰レ」という「下士官兵ニ告グ」である。ほかに東京朝日新聞社が陸軍省新聞班の依頼で印刷したものもあった。帝国飛行会館屋上には「勅命下る軍旗に手向ふな」のアドバルーンが上がった。

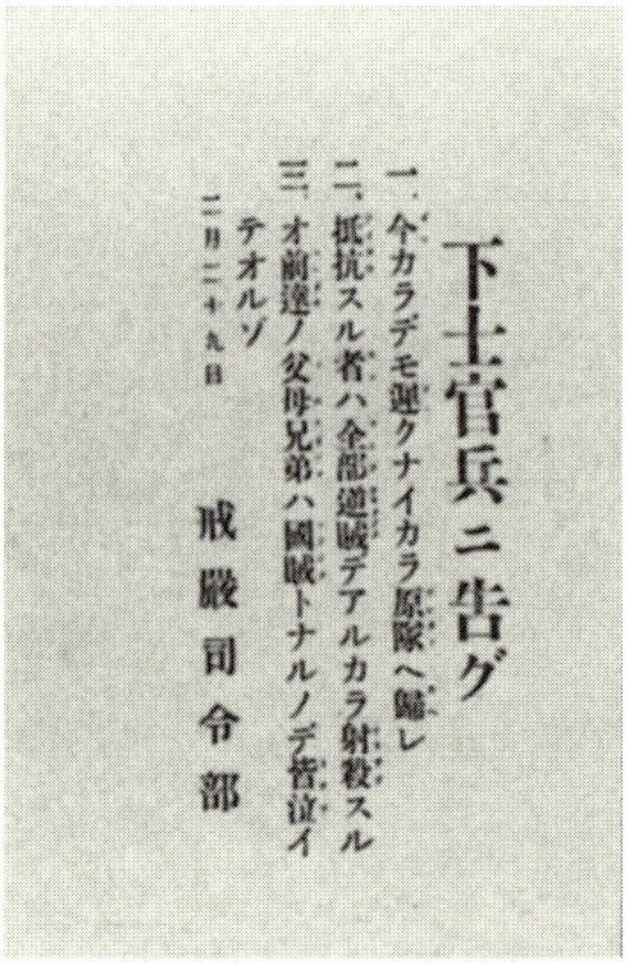
下士官兵ニ告グ
一、今カラデモ遅クナイカラ原隊ヘ歸レ
二、抵抗スル者ハ全部逆賊デアルカラ射殺スル
三、オ前達ノ父母兄弟ハ國賊トナルノデ皆泣イテオルゾ
二月二十九日　戒嚴司令部

戒厳司令部がまいたビラ（議）

四日間にわたる帝都騒擾は終わった。朝日新聞社屋には夕方、「全ク　チンテイシタ」の電光ニュースが輝いた。

第二章　中野正剛の自決と緒方の友情

池辺三山の忠告と憲政擁護運動

緒方と中野正剛との出会いは福岡の中学修猷館であるが、小学校も同じである。緒方は明治二十七年（一八九四）福岡師範学校附属小学校に入学した。小学三年級に中野がいた。小学校では柴田文城という先生に大きな感化を受けた。緒方は素直で温良な子供だったし、成績もよかったから――一年飛び越えて進級し中野の一級下になる――緒方を特別に指導することはなかったが、中野に対しては非常に苦心をしたという。中野は頭の切れる少年であったが、その鋭鋒はときに

修猷館３年生当時（前列左端が緒方、右端が中野）（修）

教師も扱いかねるところがあって、この鋭鋒が方向を誤るようなことがあってはどんな人物になるかわからないと、柴田は日曜日など中野一人をつれ、弁当を持って海や山へ誘った。中野も柴田を終生の師と仰ぐようになる。

さて、中野は中学修猷館に入り、一年遅れて緒方も進み、ここで二人は親密な交友をもつ。緒方の『人間中野正剛』に次のように言う。

中野君は中学時代から治国平天下《ちこくへいてんか》を唱えていた。私は蘭学《らんがく》の流れをくむ比較的自由な家庭に育ったためか、中学の初年頃から中国を相手に商売をすることを志としていた。当時は福岡でも東京でも、黒木綿の紋付羽織というものが書生の風を倣《な》していたが、私は母にねだって態《わざ》と茶縞《しま》の羽織を拵《こしら》えてもらったりした。

中野君は、当時の秀才の行き途と違って早稲田に入った。私は多年の志望で東京高等商業に入学した。…しかし、覇気の強い中野君は私の商業学校通学に反対を始め、早稲田に転校しろと勧め出した。彼は将来日本の政治を左右する時代を夢に描き、不器用な私までも幕僚《ばくりょう》に使おうと考え出したのであろう。

東京で中野と緒方は共同生活を営んでいた。ことに中学同窓の上海同文書院卒業の大西齋《いっき》もいたし、早稲田に学んでいた茨城県人風見《かざみ》章《あきら》も顔を見せていた。結局緒方は早稲田に転校する。この時代、中野や緒方ほどの秀才なら、修猷館では東京帝大を志す者が多かった。たとえば明治三十一年卒業の広田弘毅は二番だったが、一高・東大へ進んだ。中野は官僚・官学を嫌って私学へ進んだし、緒方は貿易商人になるつもりだった。緒方は修猷館を五年間無欠席・無遅刻・無早退であった。それで中学では卒業式に賞品を与えることになったが、その予算がない。そこで教師がポケット・マネーを出し合って、英和辞典と英語のイディオムの辞書二冊を買って、館長が卒業証書とともに緒方に手渡した。後年、緒方は「何という心のこもった贈物であろう。僕は当時の感激を回顧して今でも眼が熱くなる。修猷館こそは僕の心のふるさとである」と述懐している(昭和二十八年『文藝春秋』)。

緒方は明治四十四年(一九一一)七月早稲田大学専門部政経科を卒業したが、先に東京朝日新聞に入っていた中野に誘われて、朝日の門を叩くことになる。結局、中野の口ききで「月給が安けりゃ、大西と二人入れるかもしれん」ということで、大西と二人、朝日の大阪通信部へ入れてもらった。月給六十円を二人で分けて三十円ずつであったが、これに少し色をつけてもらって、二人とも三十五円であった。中学以来の竹馬の友三人が顔をそろえたのである。

中野はすでに文名高く、数え二十六歳の青年記者にして「戎蛮馬《じゅうばんば》」の筆名で朝日紙上にこのころ「朝野の政治家」という政治評論を、四十七回にわたって連載し、現役長老の政治家八人を痛烈に批評していた。その中野を緒方は「ところで入社してすぐ感じたことは、中野君が断然儕輩《せいはい》の間に頭角を抽《ぬき》んでてはいるが、何となしに皆と游離《ゆうり》した特異の立場に居ることである」と書いている。

朝日の名主筆池辺三山が中野に、

「英国のチャールズ・ディルフは、朝野の政治家を論評して名を挙げたが、しかしそれが累《るい》をなして、自分では政界に大をなさなかった。君も政治家を志すならあまり人物評をせん方がよいぞ」と大先輩らしい忠告を与えたが、中野は耳をかさなかった。池辺は緒方のもっとも尊敬する新聞人であったが、緒方が入社したときは、社を去ったあとだった。

覇気満々、儕輩を見下していた中野にくらべ、緒方はおとなしく、目立たぬ存在であった。しかしあまり若く見られるので鼻下に髭《ひげ》を貯えはじめた。当時の新聞記者といえばアカに汚れて身なりをかまわぬのが典型であったが、緒方は端正な服装であったから、他社の記者の目にも「折目の正しい人」との印象を与えた。その目立たぬ緒方が入社二年目にあッと驚く特ダネをものにした。

明治四十五年（一九一二）七月、明治天皇が糖尿病悪化のため崩御された。緒方は枢密顧問官三浦梧楼の小石川富坂の自宅にかけつけた。三浦には学生時代からなじんでいる。三浦は観樹《かんじゅ》将軍の名で政界ににらみをきかせている存在だった。この日は天皇崩御のあとを受けて年号をきめる枢密院会議が開かれていた。その帰りを待つという寸法である。

三浦は寄ってくる記者たちのなかで、緒方に目をかけていた。とくに幸いだったのは三浦夫人が緒方を気に入っていた。緒方は家に上がり込んで三浦の帰りを待った。三浦は帰ると緒方を呼んで、

「元号は大正、タイショウと読む」

と教えた。緒方は急ぎ社に帰り、号外を出すことに成功した。「朝日記者に緒方あり」と知れたのはこのスクープあってからであった。

元号もあらたまった大正元年十二月、二個師団増設要求が容れられず、陸相上原勇作（都城出身）が単独辞表を呈出したが、後任陸相を推薦しないため、第二次西園寺内閣は総辞職した。後任の桂太郎は新帝輔佐のため侍従長兼内大臣になっていたが、詔勅を請うて、第三次桂内閣を組織した。

俄然《がぜん》、ジャーナリズム、政界から、「宮中、府中の別を乱すもの」「長州閥の横暴」の声があがり、これが「閥族打破、憲政擁護」の大運動に発展した。『人間中野正剛』に見よう。

中野君は初めから憲政擁護運動の謀議にも与《あずか》り、運動が燎原《りょうげん》の火の如く燃え盛っただけに、社内にあっても儕輩を睥睨《へいげい》するかの概があった。しかもその結果は、何となく社内では中野の憲政擁護運動のようになって、表に賛成していても、仕事の上においては進んで協力する者が少く毎日夕刻になると、編集局から一人去り二人去り、政友会が山本内閣と妥協した当夜の如き、中野君と私とただ二人で、一ページの政治面を夜明けまでかかって埋めたことさえあった。

こうした社内の雰囲気が、のちに中野の京城特派員任命となり、欧米留学となり、ついに退社の一因となったと緒方は書く。まさに池辺三山の忠告どおりになった。この間、緒方は三浦梧楼、犬養毅、古島一雄らから地道に情報を取ってまわった。

大正四年五月、緒方は三浦の嗣子松二郎の妻の妹コトと結婚することになった。三浦夫人のすすめである。コトは神奈川県中郡大山町の原牧三の娘である。見合いは三浦邸で行われ、頭山満が仲人になり、新居を東京府豊多摩郡大久保町大字百人町（現新宿区百人町）に構えた。

東条の中野への憎悪

東条首相は中野正剛に対して強い憎しみをいだいていた。もともとは両人の志は一つであったはずである。米英を敵とし、統制経済を布くなどを主張した。しかし中野は東条内閣の官僚的色

東条英機首相

彩を非難した。昭和十七年（一九四二）四月のいわゆる翼賛選挙で、中野の率いる東方会は非公認で戦い、中野を含め七人の当選者を得たが、ここから東条内閣を敵とするようになる。政治結社が禁止になり、中野の東方会も解散する。十七年十二月、中野は日比谷公会堂で時局批判の大演説会を開いた。「これは名は演説会であるが、実際は文字通り東条内閣に対する宣戦であった」（『人間中野正剛』）。

これによって中野は演説会を禁じられる。が、彼には筆と議会という武器があった。十八年正月元日の朝日新聞に、中野は緒方の請いにより「戦時宰相論」を発表した。これは歴史上の名宰相を引き合いに出して「非常時宰相は絶対に強さを要する。されど個人の強さには限りがある。宰相として真に強からんがためには、国民の愛国的情熱と同化し、時にこれを鼓舞し、時にこれに激励さるることが必要である」と書いた。至極まっとうな文章である。最後に日露戦役で桂首相が人材を登用したことを賞賛し、「難局日本の名宰相は絶対に強くなければならぬ。強からんがためには、誠忠に謹慎に廉潔に、しかして気宇広大でなければならぬ」と結んだ。しいて言えばこの最後の行が東条首相の気にさわったかもしれぬ。自分に当てつけたと思った。朝食の席から情報局を呼び出し、「朝日新聞を発売禁止にせよ！」と叫んだのである。

中野は演説と文章を絶たれ、議会に望みをかけるのみとなった。

十八年六月のある日、旧民政党領袖の三木武吉が、旧政友会領袖の鳩山一郎を音羽の私邸に訪ねた。庭園にバラが咲き誇っている。

「今日は君にぜひ聞いてもらわねばならぬことがある」

ぎょろりと三白眼《さんぱくがん》をむいた。政府はわずか三日間の会期で企業整備法案などの重要法案を議会で通そうとしている。衆議院では実質審議一日である。議会軽視も甚だしい。「そこでだ、今日の翼賛政治会の代議士会で中野正剛君が政府と翼政会を非難する演説をやる。君はここのところずっと議会に出ていないが、今日は出てくれ。ぼくらがここで踏みとどまらねば、議会は東条の軍靴に蹂躙《じゅうりん》されてしまうよ」

中野正剛

三木は諄《じゅん》々と議会政治の危機を説いた。その熱意に鳩山も深くうなずいた。ここに主義も立場もちがう三者の同盟が生まれたのである。

その日の夜の翼政会代議士会は大いに荒れた。院内で開かれた代議士会は事実上の本会議にひとしかった。会期をめぐる論議である。鳩山が発言を求め、「国民生活にかかわりのある重要法案を衆議院ではわずか一日で通すなどは不都合である」と、翼政会幹部の善処を求めた。

翼政会幹部はこれに対して「会期の延長を政府に申し入れるつもりはない」と答えたので、中野正剛が色をなして立ち上がった。

「前回の議会においては、ガダルカナルから撤退転進の報をきき、今議会にはアッツ島玉砕の悲報に接した。前線将兵の勇戦奮闘にかかわらず、戦局われに利なきはなぜであるか。それは銃後の国民組織に欠陥があり、わが政治のあり方が当を得ていないからである」

と前置きしておいて、鳩山に対する翼政会幹部の態度を非難した。さらに現下唯一の政党である翼賛政治会が政府の意のままに動くのであれば、東条内閣は独裁政治となるではないか、と言った。ざわめきがひろがった。「国士ぶるな！」と言う者がいる。

中野はここで一段と調子をあげた。

「およそ権力の周囲に阿諛《あゆ》迎合のお茶坊主ばかり集まっていると、善意の権力者をして不逞の臣たらしめ、ついには国を亡ぼすに至る。日本を誤まる者は、政界の茶坊主どもだ！」

三者同盟の抵抗もここまでであった。以後、中野は孤軍奮闘して東条内閣打倒に進むが、その動きは憲兵の監視下にあり、ついにあの東方会員一斉検挙となる。

東京憲兵隊のワナ

昭和十八年（一九四三）十月二十一日早朝、中野正剛は東京・代々木の自宅から警視庁に連行された。逮捕状なしの行政検束であった。この日はあの歴史的な学徒出陣の壮行会が雨の神宮外苑競技場で行われる日でもあった。

中野を行政検束したものの、東条首相の希望する戦時刑事特別法による国政変乱の罪で逮捕するには無理があった。そこで首相官邸での大評定となる。十月二十四日、日曜日というのに、東条の命令一下、松阪検事総長をはじめ、安藤内相、岩村法相、大麻国務相、星野内閣書記官長、森山法制局長官、薄田《すすきだ》警視総監、町村警保局長、池田刑事局長、それに四方《しかた》東京憲兵隊長までが首を揃えて、「なんとか中野を逮捕できる口実はないか」を協議したのである。

松阪検事総長が、

「警視庁の報告だけでは検事局としては証拠不十分で起訴するわけには行きません。造言蜚語《ぞうげんひご》ということもあるようだが、現職の代議士をそんなもので身柄を拘束して議会に出席させないというわけには行かぬ」

と言い切り、東条首相と対立した。

首相側近の茶坊主閣僚は拘束できると言い、しかしただ一人代議士で国務相の大麻唯男（熊本）は、

「行政検束によって議会人を議会へ出席させないということはできない。そんなことをしたら立法権の独立もなにもなくなってしまう」

と議会人として踏ん張った。

十二時近くまで議論はつづいたが結論は出なかった。最後に四方東京憲兵隊長が東条に「私の方でやりましょう」と言った。

警視庁の留置場にいた中野は二十五日朝四時半に起こされ、迎えに来た東京憲兵隊の者に渡され、九段下の憲兵隊に移された。

その日の正午ごろ、松阪検事総長に東京憲兵隊から電話があった。「中野が自白しました。これから身柄と調書を持って行きますから勾留手続きをお願いします」と言う。調書が手間取って、中野の身柄が地検に送られてきたのは夕方であった。

地検思想部の中村部長検事はのちに言う。

「中野さんが憲兵隊で自白したのは、全く意外でした。本人に接すると、いかにも淋しげで、戦いを投げたという印象を第一番に受けた。東洋的諦観《ていかん》というか、そんな様子が明らかに見受けられて、胸を打たれました」

当時の刑事訴訟法では、起訴前の強制処分として地裁の予審判事に請求をする制度があった。東京地裁の小林予審判事に対して、十月二十五日の夕方、検事局から中野正剛の強制処分、勾留の請求があり、書類はのちほど届けるという連絡があった。予審請求に備えて予審判事は宿直するきまりである。

しかし小林は不審に思った。

「明日二十六日は議会の開院式で天皇も行幸される。それなのに代議士を勾留して議会に出さぬというのはどういうことだろうか」

小林予審判事は地検の請求に備えて、議会と議員逮捕について調べることにした。書記に協力してもらって、地裁の図書館から関係資料を集めた。議員には不逮捕特権というものがあって、会期中は現行犯でなければ逮捕できない。そこでその会期だが、ほとんどの参考書には会期は「開院式の日から」となっている。今日は二十五日で、開院式は明日である。今日勾留請求が出るということは、今日中に逮捕するということであろう。

ところが、帝国憲法をつくった伊藤博文の書いた『憲法義解《ぎげ》』には「会期中トハ召集ノ後閉会ノ前ヲ謂フ」とある。「よし、これで行こう。中野代議士の勾留請求は断る」ときめた。悩みの末の決断である。いわば一介の予審判事が強大な権力者東条首相に逆らうことになる。

地検が負けたことになるが、勾留請求の書類を持ってきた若い検事たちは、請求をしりぞけられたことに凱歌《がいか》をあげるというふしぎな光景が見られた。

中村部長検事は中野に言った。

「中野さん、あなたは釈放されます。さっそく帰宅して下さい」

そして付添いの警官に「今夜中に釈放しないと憲法違反になるから」と念を押した。十一時五十分である。どしゃ降りの雨の中を、中野は警官につき添われ、警視庁に帰って行った。極端に疲労しているにもかかわらず、中野がにこやかに振る舞っていたのが、中村検事の印象に残った。

が、警視庁では「今夜はもう遅いから泊まっていただきましょう」と言われ、文書課の宿直室に泊まらされた。

翌朝、警部に送られて玄関に出ると、一台の黒い車が待っていた。

「さあ、中野さん、お乗り下さい」

私服の四方憲兵隊長が中野を車に押し込んだ。

「更ニ一層ノ楼ニ上ル」

九段下の東京憲兵隊で中野は謎の数時間を過ごした。いまに至るも、いっさい不明である。ただ、中野の取調べにあたった大西憲兵中尉が戦後、岐阜の田舎で断片的に語ったことが伝えられている。それは中野の方から「南方へでもどこへでも行ってこれからは軍に協力し、せめてもの罪ほろぼしをしたい」と言ったというが、それには何かの脅迫めいた言葉があってのことと考えざるを得ない。憲兵隊では中野を箱根の強羅《ごうら》ホテルに軟禁するはずであったが、中野のたっての希望で自宅送りとなったという。ここにもなんらかの謀略めいたものが感じられる。

二十六日の朝、東条首相が大麻国務相を官邸に呼んで、

「私が中野に負けました。中野を出します」

と告げた。

中野が憲兵につき添われて代々木の自宅に帰ったのは、その日の午後であった。夜、中野の末

弟の秀人（のち評論家）から緒方に中野が帰った旨の電話があった。緒方はすぐ訪問しようとしたが、

「今夜はだいぶ疲れているので、明朝にして欲しいのですが」

ということであった。

翌早朝、秀人から「悪いことをお知らせします。兄は昨夜、割腹自殺しました。すぐお出で願えませんか」と言うのである。

車で代々木の自宅に駆けつけると、手前の十字路に秀人が立っていて、「憲兵がいっさいの訪問客を入れぬようです」と耳打ちした。それに構わず、緒方は車を玄関に乗りつけた。

中野の遺骸《いがい》はすでに医師の手当てがすんで、亡き夫人の位牌のある部屋に安置されていた。しかし「閾《しきい》寄りの畳に残る血糊《ちのり》の痕、自刃に臨み脚の悪い中野君が身を支えたと思われる安楽椅子の斑々《はんぱん》たる手形、悽愴《せいそう》の氣、面を撲《う》つ。私は遺骸に訣別しながら、激憤と嗚咽《おえつ》をいかんともし得なかった」（『人間中野正剛』）。

中野は東条に殺された、と緒方は訃《ふ》報を聞いた瞬間からそう思っていた。葬儀委員長をひき受けたとき、もし中野の葬儀が盛大であったなら、中野が東条政府に勝ったことになる、と考えた。とうぜん、東条一派はなるべく会葬者を少なくしようと、あらゆる手をつかった。まず新聞記事を制限した。地方の東方会員が会葬のため上京するのを地方各駅で検束した。都下の学生団体の会葬をも警官を通じて禁止した。

緒方には代々木署長から「どこまでも中野正剛個人の葬儀にしていただきたい」と辞を低くして懇請してくるありさまである。

「中野は東方会だけの中野でなく、私も東方会員でないから、葬儀はむろん個人中野正剛の葬儀だ」

と答えた。

さらに星野書記官長から某代議士を通じて、

「東条総理の供物《くもつ》を受けてくれるだろうか」

と打診してきた。

「死んでしまえば恩讐ともにない。厚意あるお供えなら何人のお供えも受けるが、あらかじめ受けるか受けないかを聞くことがおかしいではないか」

東条首相の名による供物はついに姿を見せなかった。

葬儀は青山斎場で行われたが、東条政府の厳重な取り締りにもかかわらず、かつ乗り物の不自由な時代であったにかかわらず、閣僚、重臣、議会人、官僚、報道関係、労働者、学生等々、無慮二万人の会葬をみた。中野が東条に勝った、と緒方は内心叫んだ。

中野が遺書のつもりで遺児に与えた色紙がある。

盛唐の詩人王之渙の「登鸛鵲《かんじゃく》楼」と題する詩の一節で、
白日山ニ依ッテ尽キ

黄河海ニ入ッテ流ル
千里ノ目ヲ窮メント欲シ
更ニ一層ノ樓ニ上ル

から取った「欲窮千里目　更上一層樓」である。千里の眺めを欲して更に上へと上がれ、と意を托したのか。あるいは自身の過去を語ったのか。

第三章　「神童貴公子の風貌あり」

生い立ち

緒方竹虎は明治二十一年（一八八八）一月三十日、山形市旅籠町《はたご》に生まれた。父は道平《どうへい》、母は久重《ひさえ》で、竹虎は三男二女の三男である。父道平は岡山県下道郡《しもみち》妹尾村《せのお》の生まれで、緒方家を継いだのである。養父郁蔵は同県後月郡《しつき》簗瀬村《やなせ》の出で、蘭学を修め、のち大坂に出て緒方洪庵の適塾に身を寄せ、塾頭となって塾生の薫陶にあたった。洪庵はその学徳に傾倒し、義兄弟の約を結んで、郁蔵はこれより緒方姓を名乗ったのである。

竹虎の父道平は郷士の三男であったが、蘭学を学び、大坂に出て緒方郁蔵の門に入った。洪庵門の門弟が増えたので、郁蔵は独立して家塾を持ち南の緒方と呼ばれた。その塾生道平は温厚篤実であったから、のち娘久重にめあわせて養子としたのである。

洪庵の適塾はよく知られるように、村田蔵六（大村益次郎）、佐野常民、箕作《みつくり》秋坪、橋本左内、大鳥圭介、福沢諭吉などの俊秀を輩出したことで有名である。安政元年（一八五四）、ロシアの軍艦がはじめて天保山沖に来泊したとき、郁蔵は大坂町奉行の命を受け、洪庵とともに通訳にあたった。明治になって、政府は大阪に仮病院を建てたり、医学校、附属病院をつくったりしたが、郁蔵は招かれて小博士に任じられ、翻訳、教授と治療に従事した。

郁蔵は明治四年、喉頭悪性腫瘍のため五十八歳で他界した。遺骨は東天満町の曹洞宗龍海寺の洪庵の墓側に葬られた。郁蔵の墓石の隣りには「大村兵部大輔埋腿骨之地」と記された石柱があるが、これは大村益次郎遭難の折、郁蔵がその脚を手術切断し、この地に埋めたものといわれている。

郁蔵に見込まれた道平も学者的風格を備えた温厚な人柄で、オランダ語、ドイツ語に通じていた。明治五年（一八七二）東京に出て、ウィーン万国博覧会事務局の雇となり、翌年事務官として佐野常民に随行してドイツ語通訳となり、オーストリアに渡った。この万国博では日本文化なかんずく日本美術がヨーロッパに紹介された。

道平はオーストリア滞在中林政を研究したのち、明治八年帰国して内務省地理寮に勤めた。明治二十年（一八八七）山形県書記官となって山形市に赴任した。竹虎が生まれたのはその翌年である。山形には竹虎四歳までいて、明治二十五年十一月、道平は福岡県書記官となり、一家は福岡市に移住した。道平は明治三十年に退官し、農行銀行の創立準備に参画、取締役頭取となった。道平は福岡では温厚な長老として人びとから敬愛せられた。

竹虎の母久重は内娘であったが万事控え目で、夫道平を立てた。しかし子供に対しては厳格で、竹虎が剣道の稽古に早起きして通っていても、久重が起きて支度してやるということはなく、すべて子供に自主独立の習慣をつけさせた。

この久重は歳をとってもきわめて好奇心のつよい人で、昭和のはじめ、日米対抗の水上競技が玉川で行われたとき、これを見物に行ったり、竹虎の妻を伴って早慶戦の野球見物に赴き、早稲田が勝つと喜ぶものだから、早稲田ファンに「おばあさん、御苦労さん」とねぎらわれたりしたこともある。大正十五年（一九二六）に福岡から上京したときは、前年の訪欧飛行の成功で朝日社内に飛行機熱が高まっていたが、一日、久重は立川の飛行場に見学に赴き、すすめられるままに木下飛行士の操縦するサルムソン複座機に飛行帽をかぶって搭乗、立川上空を一周して着陸すると、木下飛行士に負ぶわれて飛行機から降り、「おじいさん（道平）によいみやげ話ができた」と言って喜んだ。まだ一般には飛行機が危険なものと考えられていた時代、七十の老婆がなんのためらいもなく乗ったのであるから、その心意気たるや壮とすべきであった。

中学修猷館と剣道

竹虎は男四人、女二人の兄弟姉妹の三男であった。姉は才媛かつ美人であったらしく、小磯国昭首相の父も竹虎の父と同じく山形県庁に勤めていたが、後年「緒方君とは年も距《へだた》っていたので記憶がはっきりしないが、美しいお姉さんがいたことだけは憶えている」と語っていた。長男は第七高等学校、京都大学に進んで中学校教師になったが、三十五歳で世を去った。妹も福岡に来てまもなく死んだ。

二男大象《たいぞう》は医学をもって九州帝国大学、長崎医科大学の教授を歴任し、学者として生涯を閉じた。三男が竹虎で、四男龍《りゅう》も医を以て立ち、戦後は福岡市で聖福病院を経営した。二男以下が象、虎、龍の名をもつのも珍らしい。

明治二十七年(一八九四)、竹虎は福岡師範学校附属小学校に入学した。竹虎にもっとも強い影響を与えたのは柴田文城という先生であったらしい。この先生は中野正剛にとっても生涯「先生」と呼んだただ一人の人であった。文城はのち緒方について次のように書いている。「緒方君の性質は温良恭謙にして学術優秀、体格は蒲柳《ほりゅう》の質でいわゆる神童貴公子の風貌があり、当時の腕白連中に同調しなかった。しかし寒中に襟巻、手袋は一切不用、袴下、足袋は病気のとき以外はまかりならぬという校風は厳格に遵守した。感冒《かぜ》、霜焼け、あかぎれ等にて足部から出血するような場合でも我慢し通した。その内的勇健には腕白連中も大いに畏敬していた」。竹虎は一級飛びで進級し、中野の一級下になった。

明治三十四年四月、竹虎は県立中学修猷《ゆう》館に入学した。竹虎が入学したとき、修猷館は大名町から西新町に移って、新校舎ではじめて生徒を募集したところであった。二五〇名の採用であったが、卒業のときは五、六〇名だった。「当時はまだ全国的にそう沢山の中学校はなかったし、修猷館は相当有名な学校だったらしい」と緒方は書いている。校風は時代柄軍国調であった。服にカラーをつけると制裁を受けた。「中野正剛君などその殴る方の旗頭だった」。在学中に日露戦争が起こった。小倉の第十二師団（のち久留米）の兵隊が佐世保から朝鮮の仁川へ向う軍用列車を見送りに博多駅へ行った。その後しばらく「兵隊送り」が学校の行事であった。

もっとも印象に残っているのは、旅順の陥落と対馬沖の海戦（日本海海戦）である。正月元日友人と柳原の自宅で屠蘇《とそ》を酌んでいると、旅順開城の新聞号外が出て、友人と祝杯をあげたものである。対馬沖海戦のときは終日艦砲の轟《とどろき》がきこえた。福岡日日新聞（西日本新聞）の号外配達が紙製の緋縅《ひおどし》の鎧《よろい》を着けて町中を走りまわった。「若い心にも天佑を思わざるを得なかったが、それが戦えば必ず勝つと、後に日本人に思わせる一つの原因になったかも知れない」と回顧する。無謀な太平洋戦争への反省でもあった。

緒方は中学の成績も優等であったが、いわゆるガリ勉の秀才型でなく、小学校時代から剣道に励み、その太刀筋は稀に見る立派なものであったという。緒方は筑前黒田家の剣道指南番幾岡家の直系である幾岡太郎一の一到館に入門していた。幾岡は山岡鉄舟の高弟小南易智の門人で、小野派一刀流の流れを汲むものであった。

緒方の述懐によると、本気で剣道（緒方は撃剣と言った）を修業する気を起こしたのは、明治三十五年の夏、大阪に内国博覧会のあったのを機会に、故山岡鉄舟門下の集りがあり、幾岡に伴われてその暑稽古に参加してからだという。ある材木商が小南易智の弟子で、山岡の遺弟を集めたものであった。この暑稽古を見て緒方の剣道に対する考え方が変った。

山岡は早くから禅に参じ、いわゆる剣禅一致の境地を得て、無刀流を発明したのであるが、弟子たちにいつも「俺の剣は禅だからわざわざ禅に参ずる必要はない」と説いた。無刀流の稽古は息があがっても師匠の方から「まだだ、まだだ」と止めさせない。力も息も尽きて、打ちも突きもできない、無念無想の裡《うち》に稽古があるとされる、いわゆる死ぬ覚悟である。

修猷館時代の緒方

緒方は翌年も上阪して小南の教えを乞い、道場の拭き掃除から小南の身辺の世話までして、ひと通りの内弟子修業をした。小南も緒方を可愛がり、組太刀、小太刀ほかをみな伝授し、一時は「養子にしたい」という交渉さえあった。

筑前福岡の地は黒田長政の入国以来、尚武の気風の盛んなところで、そんな気風は明治の中頃まで残っていたという。いわゆる黒田武士である。日清、日露の戦役の前後には軍国熱が汪溢し、小学校の上級生から中等学校の生徒は、剣道か柔道かいずれかの町道場に通い、中には学校が本務か柔剣道が本務か判らぬような者も少くなかった。広田弘毅や中野正剛は柔道派であり、中学校に入らずに家業の手伝いをしていた真藤慎太郎などは二十歳前後ですでに柔道教師として立派な腕前をもっていた。そんな周囲の雰囲気が緒方をして早くから剣道道場に通わせたらしい。

道場通いは朝うす暗いうちから道場まで駆け足で行き、庭内の井戸水で全身を浄めてから道場に入る。北風の吹く冬の日、雪や霙《みぞれ》の降る朝でも掟《おきて》どおりにやらねばならぬ。うす暗いうちに家を出るのだが、母久重は姉の静重や女中に一切身辺の世話をさせなかった。自分のことは自分でするという躾《しつけ》である。道場の稽古がすむと再び沐浴して帰宅し、登校の準備をする。友人の一人は緒方の強情さにあきれたと語っている。

貿易商を志したが……

緒方は中学時代から将来は貿易商人、とくに中国を相手にする貿易をしようと考えていた。当時は日露戦争に勝った勢いで、青年たちは青雲の志を立て、陸海軍将官や大臣宰相を夢見て、商人を志す者などいなかった。先輩の広田弘毅などもはじめは軍人を志した。緒方ほどの学力があれば一高、東大のコースを経て官界、政界に志を伸べることは困難ではない。現に広田弘毅や平田知夫らは修猷館出身の山座円次郎（外務省政務局長・清国公使）に倣《なら》って外交官たらんと上京している。

緒方は貿易商人たらんとして、一ツ橋高商と呼ばれた東京高等商業学校（現一ツ橋大学）に入った。それは福岡の先輩頭山満、進藤喜平太らを中心とする玄洋社の壮士がつねに大陸問題を論じ、中には中国革命に投じた者もいて、緒方はかれらのような武断派ではなかったが、大陸発展について興味をもったことによる。それも物資や文化の交流によってである。それと、父親道平は県庁書記官で終って知事になれなかったが「すまじきものは宮仕え」と言って官吏を批判していたことも手伝っていたらしい。当時の書生の間ではやった黒木綿の紋付羽織を避けて、母親にねだってわざと茶縞《しま》の羽織をこしらえてもらったのも、一種の気骨からであった。

しかし東京高商もやがて緒方を失望させた。本人に言わせると「憂国慨世の志など持つ者が滅多にない」のである。そこにストライキが起こった。校長排斥の学生のストライキで、全学生が総退学を決議した。緒方は上京してからは中野と同じ下宿に住み、下宿に厭《あ》きれば自炊生活をしていた。中野の友人たちが押しかけてきて談論風発した。「商売人の学校などよせ、そし

早稲田時代の緒方（中央、左が中野）（修）

て早稲田に来い」と中野は口癖のように言う。多くを語らぬ緒方は微笑している。

そして夏休みに福岡に帰省したまま、ストライキが解決しても復学しなかった。翌年まで休養をとったのち、中野の勧めで早稲田大学専門部政経科第二学年に編入された。早稲田はさすがに天空開豁《かつ》、自由不羈《き》で、気分も晴れやかになった。

自炊生活で、中野は几帳面であり、料理が上手であったばかりか、便所掃除まで熱心にやったという。その精進ぶりには緒方も頭が下がった。緒方は早稲田の二年間はあまり学校に出席せず、もっぱら図書館で読書に耽《ふけ》り、試験には学友からノートを借りて一夜づけで済ませた。

「東西南北会」という学生の会に入り、同郷の先輩頭山満をはじめ三浦梧楼、犬養毅、古島一雄ら名士の門に出入りした。そのときは中野も同伴し、末永節が音頭をとることが多かった。末永は大陸浪人で奇人であり、終生浪人生活をつづけた福岡の人である。末永は中国革命家の世話をし、相談に乗り、犬養、古島らに周旋した。緒方も自然にこれらの革命家やその卵に接近する機会があった。

中野はひと足早く東京日日新聞（毎日新聞）の政治記者になっていたが、肌が合わず、池辺三山に頼んで東京朝日新聞に転じていた。その中野に誘われて緒方も朝日に入社したことは前に書いた。

第四章　朝日新聞社に入る

池辺三山が理想の記者

緒方が朝日に入社したのは明治四十四年十一月である。それも大阪朝日新聞社の在京大阪通信部というものである。当時福岡農工銀行頭取であった父道平は、息子が満鉄か日銀に就職することをひそかに望んでいたが、朝日の記者と聞いて内心不満であった。そして「新聞記者となる以上は編集局長ぐらいにはなってくれ」と注文した。三十八歳でみごと編集局長になった息子を眼《ま》のあたりにしたのち、道平は他界した。

緒方は在学中から池辺三山を理想の新聞記者としていたが、緒方が入社したときは、三山の去ったあとだった。「夏目漱石が誰かへの書簡に『西郷南洲のような感じのする人物』と書いていたのは正にその通りで、容貌魁《かい》偉、一見して偉丈夫の風格であった」「私は三山の文章が好きで、一種独特の格調ある東京朝日の社説を声を出して朗読することすらあった」と書いているが、傾倒ぶりがうかがえる。

池辺三山は熊本の人、父吉十郎は県少参事を経て私塾を営み、子弟を教育したが、西南の役で熊本隊を率いて西郷軍を援け、長崎で斬罪に処せられた。三山は慶応義塾に学び、のち山梨日日新聞に論説を執筆、また新聞「日本」の客員となり文名をあげた。大阪朝日の主筆、東京朝日の主筆兼務となり、東朝専任となってからは紙面の刷新に努力し、声価を高めるとともに、二葉亭四迷、夏目漱石らに多くの名編を残させた。

朝日入社当時の緒方

緒方の新聞記者としての最初の功績は「大正」の年号のスクープであったが、新聞記者としての最初の大事件は憲政擁護運動であった。

大正元年十二月、陸軍大臣上原勇作は二箇師団増設要求が西園寺政友会内閣によって否決されると、陸相を辞任し、後任陸相を出さなかったため、西園寺内閣は総辞職した。陸軍によって「毒殺」されたのである。後継首班には長州閥の桂太郎が勅語を請うて、内大臣兼侍従長を辞め、第三次桂内閣を組閣した。ここから宮中と府中の別をあやまるものだとの批判が噴出し、いわゆる憲政擁護運動が起こった。

運動は交詢社から始まり、政友会の尾崎行雄、岡崎邦輔、国民党の犬養毅《つよき》、古島一雄らを先頭に憲政擁護・閥族打破を旗印として広汎な国民運動に発展して行った。歌舞伎座での演説会では犬養、尾崎は「憲政の神様」にされた。

朝日新聞はこの運動に積極的に参加し、弓削田《ゆげた》精一、本多精一をはじめ中野、大西、緒方も連日憲政擁護会の事務所に詰めるという有様であった。中野が文名を馳せたのもこのときであることは前に書いた。しかし中野は社内で浮き上がり、やがて京城特派員として朝鮮に赴任し、その後朝日を辞して外遊した。中野の新聞記者生活はこれで終り、評論家、政治家として歩むことになる。

本多精一は運動の挫折後、雑誌『財政経済時報』を発刊したが、緒方にも執筆を依頼することになり、緒方は同誌に毎号政治評論を寄稿した。緒方を朝日に入社させた弓削田は朝日退社後は不遇であった。緒方も、多くはなかったが、弓削田に対して応分の生活費の援助をしたらしい。「受けた恩は終生忘れるな、施した恩は直ちに忘れよ」というのが緒方の処世訓のひとつであった。

緒方が結婚したころ、長野の小坂順造はその経営する信濃毎日新聞の論説陣に山路愛山の没後、人を得ないのを憂慮し、友人の本多精一に助言を求めると、本多は中野、緒方の二人を推薦した。

中野の文は才気煥発の筆になるもので、読者はいち早く中野と悟ったが、緒方の文は当時すでに老大家のそれのごとく、福沢諭吉の文章のごとく読み易いものであったが、ついにどんな人の筆になるものかわからぬまま終始したと小坂は語っている。

小坂は執筆回数のいかんにかかわらず月額三十円の報酬を出したから、家計には大いに助かった。そのため、夜朝日から帰宅したのち、外套を着たまま大忙ぎで原稿を書き上げ、上野駅まで最終近い電車で出しに行くことがしばしばであった。小さい子供たちが泣いたり喧嘩したりすると執筆のさまたげになるので、コトは子供たちを連れ出して大久保駅の踏切まで行き、電車の往来を見させたこともたびたびであった。

大隈・寺内批判と原敬への期待

緒方が『財政経済時報』と「信濃毎日新聞」に執筆した期間は大正三年（一九一四）から大正八年に及び、その間、内閣は山本権兵衛《ごんのひょうえ》内閣、大隈重信内閣、寺内正毅《まさたけ》内閣、原敬《たかし》内閣と変った。外には第一次世界大戦やロシア革命が起こっていた。この両誌紙に書いた緒方の論評を特色づけるものは、内政面では憲政擁護、閥族打破、そして元老政治反対、さらには選挙権拡大などと位置づけていい。

憲政擁護運動ははじめての大衆運動であったが、それによって桂内閣が倒れると、またしても藩閥内閣の薩派たる山本内閣が誕生し、次にはかつて板垣退助とともに自由民権運動の雄であった大隈が組閣して、大いに国民の期待を集めるが、やがて失望する。そこのところを緒方はこう言う。

大隈は「三十年来隠然たる藩閥政府の一敵国であって、国民の輿《よ》望は実に素晴らしいものがあった」のであるが、ひとたび首相となるや「為《な》すところすべて官僚の遺策の踏襲のみ、大事には一一元老の指揮を仰ぎ、選挙を行へば官僚以上の干渉をやる」し、「議会に対して最も驕傲《きょうごう》」「議会外の勢力に対して迎合」「山県公に対するや忠実且つ露骨である」と断じた。

この第二次大隈内閣は『世外井上公伝』によると、元老山県、井上、松方正義の合議によって、都の西北に閑居している大隈を引き出して政友会退治をさせるつもりだったらしく、その引き出し役は井上馨が引き受けた。そのときの井上の邸における両者のやりとりを井上の秘書役の望月小太郎が筆記している。両者は維新以来のお互いの消息を談じたのち、政友会征伐に話が移り、

（井上）……就中《なかんずく》政友会横暴ニ至ッテハ実ニ容易ナラヌ。

（大隈）ヤ、政友会ハ恰《あたか》モ寄生虫ノ如キモノデ、政権カラ離ルレバ直チニ死ニマス。モウ政友会ハ悪摺レシテ居リマスガ……

というような話がつづき、大隈は山県、井上の意を体して、政友会退治のために組閣を引き受けた。大隈の国民的人気は大変なもので、総選挙に際しては車窓演説をしたり、本邦初のレコード吹込み演説をしたりするアイデアマンでもあった。政友会は前回の二百七名から百八名に転落

したのである。

だが緒方は大隈内閣の本質を見ていたことが前の論評からも見てとれる。

大隈内閣が成立して三ヵ月後、七月下旬に欧州大戦が勃発した。これが日本に思わぬ富をもたらした。それはちょうどあの戦後の朝鮮戦争が日本経済を復活させたのと同じであって、当時元老井上馨は「天祐」と言った。

彼は山県と大隈に送った文書の中で「今回欧州ノ大禍乱ハ、日本国運ノ発展ニ対スル大正時代ノ天祐ニシテ、日本国ハ直ニ挙国一致ノ団結ヲ以テ、此天祐ヲ享受セザルベカラズ」と述べて激励している。それはいいとして、日本は直ちに参戦を決定し、独領青島《チンタオ》を占領し、シベリア出兵を決める。のみならず、欧米諸国がヨーロッパ戦線に釘づけになっている間に、中国への野望を逞《たくま》しうする。即ち、対華二一ヵ条の要求である。

対独参戦は加藤高明外相が元老にも相談せず決めたことで、慎重論の山県は絶望し、側近の望月小太郎に「モーだめだ。外交モ叩キコワサレタ」と嘆いたし、原敬日記には山県が加藤を「丸で英人なり」と罵倒したと記されている。加藤はもと駐英大使で、三菱財閥の娘を妻にしている。

対華二一ヵ条の要求とは、旅順・大連の租借期間延長、満鉄奉安線の経営、満蒙の鉄道敷設・鉱山採掘・土地租借などの諸権益の確保と、第五号として武器供給・政府顧問・警察権の要求があって、中国国民政府にとっては屈辱的であった。第五号が洩れると列強からも非難され、日本政府は第五号を削除して最後通告を突きつけ、袁世凱政府はこれを承認した。この五月九日が国恥記念日として語り継がれ、二一世紀の今日も反日運動の理由に挙げられている。

元老の圧力で大隈内閣が退陣すると、山県の推薦を受けた長州閥の寺内正毅陸軍大将が組閣した。緒方はこの寺内内閣にも筆鋒を加える。寺内の組閣を「憲政の逆転」とした。「既に憲法あり憲政あり、而して憲法の認むるなき元老てふ少数政治家が、唯一席の会合に於て、恣《ほしいまま》に後継内閣組織者の人選を決せんとは、立憲の大義に於て断じて仮借《かしゃく》す可《べか》らず」（信濃毎日新聞大五・一〇・一〇）という。

寺内内閣に対して緒方は「形式主義」として批判した。「何事も一定の鋳型《いがた》に入れることである、病的統一である、と同時に、些《いささか》の融通も旨味《うまみ》もないのが寺内内閣若《も》しくは寺内伯の遣《や》り口である」（信濃毎日新聞大六・八・一六）と述べている。

大正七年（一九一八）九月、寺内内閣が米騒動で行き詰まると、わが国最初の政党内閣というべき政友会の原敬《たかし》内閣が成立した。緒方は原内閣に期待した。『財政経済時報』への寄稿によると、まず九月二十七日に大命を拝して二十九日の午後には親任式をすませるというスピードぶりに一驚を喫し、さらには陸海軍大臣と外務・司法大臣のみを外部からとり、他はすべて政友会内部からとるという徹底ぶりに驚いた。緒方の事前の予想では貴族院との混合内閣だろうということであった。「然《しか》るに原氏は全く何人《なんぴと》にも相談せず、僅か二日の間に殆《ほとん》ど純然たる政党内閣を組織した」と驚く。親友とはいえ外務大臣の内田康哉《こうさい》にさえ親任式の前日深夜電話口に呼び出し、「君に外務大臣をやってもらうつもりだが、差支えあるまいな」と言っただけであった。

原内閣への期待を緒方はこう綴る。

「原内閣は成立した、政党内閣は実現した、今度は政党が真に其《そ》の力量を試すべき時機である、原内閣には真に其《そ》の準備があるか否か、漸《ようや》く政治季節に入るの際、切にその健在を祈らざるを得ない」（信濃毎日新聞大七・一一・一）

大隈、寺内、原各内閣に寄せる批評の片鱗によって、緒方の描く政治の形態と政治家像がうかがえるのではあるまいか。

三十八歳の編集局長

朝日新聞における緒方の経歴をみると、いかにもとんとん拍子に出世したように見えるが、三十代のころにはおのれの学識について悩んだり、一時は退職を考え、留学したり、大きな変革期を体験していた。

はじめて論説を書くようになったとき、なにしろ先任者には大山郁夫、長谷川如是閑《はせがわにょぜかん》などという大物がいて、上司には西村天囚《てんしゅう》がおり、緒方はおのれの学識の十分でないことを痛感するのであった。西村にすすめられて『孟子論文』七冊を取り寄せて勉強した。そしてかねてから希望していた欧米留学を決行する。自費留学であり、費用は父道平と郷里福岡の先輩安川敬一郎に出してもらった。

緒方はまずアメリカに渡り、二ヵ月滞在した。のちに朝日の編集局長になる美土路《みとろ》昌一《まさいち》がニューヨークの特派員をしているので、その下宿に転がり込み、二人で自炊生活をした。美土路はのちに「緒方君は牛肉を切るのがうまく、味まで違った。妙な技術をもっているものと感心した」と語っている。

アメリカ大陸を横断してロンドンに着き、ロンドン大学で講義を聴いたが、それよりも西村天囚の忠告に従って漢籍を読んだ。これがのち緒方の文章に独特の素養をうかがわせる素地となる。

ロンドンではまた英婦人について本格的な英語のレッスンをとった。婦人はオルガ・ワールといい、のちスウェーデン人と結婚してストックホルムに住んだが、昭和二十八年、同地を訪れた日本人から、昔の弟子が日本の副総理になっていると聞き、文通を再開した。これは緒方の死の直前まで続いた。

ロンドン留学時代の緒方（朝）

ロンドンにおける緒方の主たる関心は、当時英国で勃興しつつあった英国労働党と労働運動にあった。緒方は社会主義運動の事務所にしばしば足を運ぶ一方、ロンドン大学でハロルド・ラスキの講義を聴講した。ラスキの講義が終るたびごとに、聴講者の中から、彼が使用したメモをもらいに行く者が絶えなかったと、後年緒方は語っている。

　緒方留学中の最大の事件は、英国における一九二一年（大一〇）三月から三ヵ月ほど続いた炭坑労働者のストライキであった。そのために、しまいには電灯も点かず、洗顔の湯をわかすこともできないほどであったが、運動の指導者ロバート・スマイリーの統率力と、ストライキに際しても整然たる英国労働運動のあり方とが、緒方に忘れがたい印象をもたらした。その事実を緒方は朝日新聞に署名入り報道として掲載し、「スマイリーに於て実に理想的の労働運動首領を見た」と書いた。また英国の労働運動に人道的色彩が強いことも緒方を感動させた。これを「英吉利《イギリス》流の温か味」と呼んでいる。


　緒方よりひと足さきに帰国していた美土路は、緒方の本音が「朝日を辞めたい」ことにあると知って、何とか慰留する手はないものかと苦慮していたが、たまたまワシントンで開かれる海軍軍縮会議に朝日も記者を送ることを知り、緒方をつよく推した。

　ベルリンを旅行中だった緒方に、大阪本社から「ワシントンに行って特派員の元締めをやってくれ」という電報がとどいた。文部省の留学生としてロンドンに来ていた次兄大象《たいぞう》に相談すると賛成なので、緒方はワシントンに向かった。大正十年十月渡米、四人の特派員とともに会議を取材し、翌年三月まで滞在した。

　この海軍軍縮会議には主席全権加藤友三郎大将が米英の全権と互角に渡り合う交渉を見せて、

青年記者緒方を感激させた。しかし、この会議取材では、時事新報の伊藤正徳が全権徳川家達《いえさと》から、日英同盟の廃棄と四ヵ国条約案をリークされて大特ダネを取り「打ちのめされて、しばらくの間は穴にも入りたい気持だった」という。

しかし日本の誇る戦艦陸奥《むつ》の廃棄見合わせが決定したとき、緒方はヒューズ国務長官の記者会見の場にいて「陸奥は日本国民の愛国心による零細な義援金によって建造されたものであるから廃棄したくないという日本全権の希望を容れ、廃棄を見合わすことに決定した」と発表したとき、緒方はそこにいた毎日新聞記者に気づかれないように後ずさりして部屋を出ると、長い国務省の廊下を走って表通りへ出、事務所へ駈けつけ、不器用なタイプを叩いて電信局に飛びこんだのであった。

緒方は大正十一年六月、マルセイユ経由の北野丸で四十日間かけて神戸に帰ってきた。港には留学中に生まれた絅子を連れた妻コトが出迎えてくれた。この欧米留学がのちの緒方の政治に対する考え方を基本的にリベラルなものに方向づけたといえる。

帰朝した緒方はまもなく大阪朝日新聞東京通信部長に任ぜられたが、翌大正十二年（一九二三）四月には東京朝日新聞整理部長に就任した。一時は辞職をすら考えた緒方であったが、以後、朝日の要職を次々と占めることになり、朝日を代表する顔となり、ついには「一生一業」を信ずることとなった。

整理部長在任中の大正十二年九月一日、東京朝日新聞社社屋は大震災で焼け落ちた。当時東京本社は滝山町（銀座六丁目）にあった。経理部長であった石井光次郎の回想によると、「外を見ていると、大きな日本料理店の屋根瓦がザァーッと一気に落ちて行く。それはすさまじい光景だった」。活字棚はみな倒れた。

編集局長安藤正純（のち鳩山内閣国務大臣）は外遊中であって、緒方は通信部長の美土路昌一とともに朝日の中心となって活躍しなければならなかった。地震で印刷工場のケースが倒れ、硫酸が流れ出て足を踏み入れることができない。緒方は美土路とともに工場の巻取紙に達筆を揮《ふる》い、号外代わりに震源地その他の状況等を記し、社員がこれを貼って歩いた。

震災の夜、社屋が焼け落ちたので、皇居前の芝生に天幕を張り、徹夜で社務を執ること三日におよんだ。次いで仮事務所を帝国ホテルに置いた。その後、大阪から取締役の村山長挙らが上京し、緒方や美土路通信部長、石井新営業局長らと相談の上、被災社屋の修理及び新しい印刷機の購入を決定し、とりあえず社外の印刷所を利用することとした。大阪本社から救援のため駆けつけた記者の中には、百人町の緒方の家に来て原稿を書くものもいたが、ろうそくが買えず、胡麻《ごま》油をコトの帯を解いた芯で代用して火を灯《とも》し、書いたものである。

震災の翌月緒方は政治部長となり、編集委員合議制の幹事をやり、大正十三年からは支那部長を兼任し、大正十四年二月、編集局長となった。時に緒方三十八歳であり、政治部長・支那部長を兼ねた。

右翼・軍部と対決

朝日新聞が二・二六事件で反乱軍の攻撃目標となったように、早くから藩閥《はんばつ》政府の忌むところであり、右翼・軍部から睨まれる存在であった。とくに緒方の属した大阪朝日が激しかった。話はさかのぼるが、大正七年（一九一八）の米騒動《こめそうどう》では、全国の新聞が筆を揃えて時の寺内正毅《まさたけ》内閣の失政を批判したが、大阪朝日の筆鋒《ひっぽう》は中でも峻烈《しゅんれつ》であった。編集局長鳥居素川《とりいそせん》を中心に、長谷川如是閑、大山郁夫といった錚々《そうそう》たる顔ぶれが、長州閥の申し子寺内首相を糾弾《きゅうだん》してやまない。

八月二十六日、大阪で関西新聞通信社大会が開かれ、寺内内閣糾弾となった。その大会記事の中で大阪朝日は、

「……金甌無欠《きんおうむけつ》の誇を持つた我が大日本帝国は、今や怖ろしい最後の審判の日が近づいてゐるのではなかろうか。『白虹日《はっこう》を貫けり』と昔の人が呟いた不吉な兆が黙黙として肉叉を動かしてゐる人人の頭に雷のやうに閃《ひらめ》く……」

と書いた。

かねてから大阪朝日の執筆陣を睨んでいた官憲は、この「白虹日を貫く」というのは皇室に対する不敬を意味するとして告発した。これにより鳥居はじめ長谷川、大山らの一流執筆陣が退かざるを得なかった。その穴埋めに緒方が大阪に呼ばれたのであった。

大正十二年暮れ、帝国議会の開院式に向かわれる摂政宮（昭和天皇）の車に、難波大助《なんばだいすけ》という青年が発砲するという事件が起こった。翌十三年十一月大助は処刑されたが、その日の朝日の夕刊の短評欄に「一個可憐の少年逆徒大助断罪の朝、秋の陽は蕭々と輝きわたる……」という文句があった。右翼がこれに難癖《なんくせ》をつけ「まるで不祥事件を喜んでいるようではないか」と、たびたび社にやって来てゆすりをかける。翌年、緒方が編集局長に就任した直後、社長の村山長挙夫妻が上京して帝国ホテルに滞在していると赤化防止団というのの手先がこれを嗅ぎつけて、村山に面会を強要した。

「君、ひとつ話をつけてくれ」

と言うので、緒方が帝国ホテルに出かけて、村山といっしょに某という男に会うと、眼が血走っていて非常に興奮している。二言、三言話しているうちに「貴様がうちの先生を侮辱した奴か」と言って、コンクリートの破片か何かを手拭で包んだものを振り上げた。瞬間、緒方はこれを刀だと思い、素手で受け止めた。しかしコンクリートは緒方の左耳の上に重傷を負わせ、血が吹き出した。洋服は血で染まり、緒方は凶器を奪い、椅子を振り上げて応戦していると、警官が駆けつけて犯人を取り押えた。緒方の傷は骨膜に達するほど深かった。

妻コトは社から連絡を受けて、衣類を持って病院にかけつけた。緒方に、相手は幾人かとたずねると「一人だ」と言う。一人ではあったが、不用意にもポケットに手を入れていたので殴《なぐ》られたのだという。

「割合そういうことは心得ていながら、ずいぶん気が利かない」

コトはそう言って緒方を非難し、来合わせていた杉村楚人冠《そじんかん》を驚かせた。

事件を伝え聞いた友人中野正剛は緒方を見舞って、

「貴様は一人と一人の勝負に不覚をとったそうじゃないか」

と憤慨し、一ふりの新刀を贈呈した。

「こんどそういう奴が来たら、たたき切ってしまえ」

昭和三年（一九二八）二月、田中義一内閣のときはじめての普選（普通選挙）による総選挙が行われたが、朝日新聞は「買収に応ずるな」「官憲に負けるな」と呼びかけたため、与党たる政友会とも睨み合いの状態となり、ついには警察の警戒員が全く来なくなった。やむを得ず朝日も自力で武装して暴力団の万一の襲撃に備えねばならなかった。緒方は中野からもらった刀を持参し、これが評判になって当惑したほどであった。

当時の暴力団と新聞について、高宮太平が書いている。

右翼暴力団は結局金が目的である。天下御免の強請《ゆすり》である。金を出さねば暴力を使ふ。それでも屈せねば広告主を脅迫する。非買同盟で噪《さわ》ぐ。打倒朝日演説会を催す。そこで若干の包金を出すとこんどは他の暴力団がわれわれにも出せといふ。全く手がつけられない。中には背後に官憲の手が延べられていて、暴力団を捉へて警察に突き出すと、裏門からすぐ釈放してしまふ。陸軍もよく暴力団を使った。ところが、この暴力団が双刃《もろは》の刀で、下手をすると軍部や官憲にも咬《か》みつくのである。愛国団体などいふ看板を掲げ、口には憂国の熱をあげていても、一皮むけばさもしい暴力団に過ぎないものが多かつた。(『人間緒方竹虎』)

緒方はこの嫌な外部との折衝を一人で引き受けていたという。緒方自身、省みて「『国士』との間の衝立《ついたて》の蔭の取引をせねばならぬことは、思い出しても手の汚れる仕事であった」と述懐する。金目当ての「国士」が多かったのである。

朝日新聞は右翼のみならず、軍部からもいいがかりをつけられ、目の仇にされる。昭和三年の張作霖爆殺事件に関連して、時の田中義一内閣を批判した紙面に対して、軍部から決闘を申し込まれた。軍との対立を心配した元老西園寺の秘書原田熊雄が、軍、外務省と新聞社の仲を取りもとうとして、朝日の緒方、毎日の高石、同盟の岩永、外務省から松岡洋右《ようすけ》、白鳥敏夫ら、軍から小磯国昭軍務局長、鈴木貞一中佐らを呼んで一席設けた。その席で小磯が突如として「満州国独立」を唱えはじめた。緒方は「満州国独立などとは時代錯誤もはなはだしい」とたしなめたが、それから一ヵ月ほどした九月十八日、満州事変が勃発したのである。これからみても、満州事変は軍によって周到に仕組まれた謀略であることがわかる。

朝日新聞史上に一時期を画す

大正十五年(一九二六)一月、緒方の政治に関する先輩であり、かつ親戚でもあった三浦梧楼が身まかった。梧楼は緒方をもっとも信頼していたという。梧楼が死んでから、その嗣子松二郎は自家用車を運転手ごと緒方に与えた。そのころはまだ自家用車は珍らしい時代であったが、運転手があまり信頼できる人物でなく、事故も多かったため、緒方は発心して自動車免許を取ろうと努力した。しかし、あまり器用でなく、バックもうまくないので、神宮外苑で草取り爺さんのゴミ箱をひっくり返して怒られたり、朝日の会議を抜け出して受けた免許証の試験に落第してついにこれを物にすることができなかった。

次に乗馬を始めた。これは朝日の社内でゴルフが流行しはじめていた風潮に若干対抗しようという意気込みもあった。まず警視庁の馬場で騎馬巡査にまじって乗馬を始め、それから自馬を購入して目白の学習院下の馬力屋に預け、戸山ヶ原で乗馬練習を試みた。これはのちに本格的となり、馬術研究会では東久邇宮稔《なる》彦王と親しくなった。

昭和三年五月、緒方は朝日新聞社取締役に選任された。重役になり、編集局長であり政治部長であっても、率先して取材し、部下に協力する気質は変わらなかった。

昭和五年(一九三〇)十一月十四日、時の首相浜口雄幸《おさち》が東京駅で右翼青年に撃たれて遭難したとき、緒方はたまたま同じ列車でモスクワへ赴任する駐ソ大使広田弘毅《こうき》を見送りに東京駅に来ていた。そこで浜口が撃たれたと知ると一記者の感覚に立ち返り、一目散に車で社に駆けつけた。帰社すると先頭に立って号外の発行に当たった。あとになって「犯人の着物の柄を間違えた」と洩らしたそうだが、記者魂はいつまでも衰えなかった。

記者魂といえばこういうこともあった。当時、幹部には自動車が配属されていたが、緒方はこれを絶対に私用せず、かつ車を配属されているものはそれだけの仕事をしなければならぬと、著名人のところに出かけて話すことが多かった。大新聞の幹部ともなれば各界の指導者も安心して話すので、しぜん緒方はいつもニュースの中心にいた。

大正十四年(一九二五)四月、政界に特異な位置を占めつづけていた犬養毅《つよき》の革新倶楽部が政友会に合同し、これを機に犬養と古島一雄が政界を引退することになったとき、緒方のみはこの情報をいち早くキャッチしていたにもかかわらず、信義を重んじてこの情報を自社の担当記者にも話さず、他社が嗅ぎつけてその片鱗を報道するに至ってはじめて全貌を明かしたのであった。

また暇があると緒方は部下をつれて外に食事に出た。費用はすべてポケット・マネーである。若い記者たちは牛鍋屋や長崎料理の店で、緒方から聴く社の先輩たちの話や政治家たちの話に無上の楽しみを見出したという。

新聞社の中には編集局と営業局の二大部門があり、編集局の中にはまた政治部系統と社会部系統とがあって、緒方は政治部出身だから自然、周辺には政治部出身の者が多かったが、緒方自身はこうした区別はせず、また党派的なものはつくらなかった。社会部出身の美土路昌一とは親しい仲であって協同して清新な編集方針を確立したし、営業局長の石井光次郎とは編集と経営が相互に信頼し合って相侵さない伝統を養い、緒方、石井、美土路の三コンビをもって朝日新聞史上に一時期を画した。朝日新聞の社風はこの時期に確立されたといっていい。

社風といえば、緒方は後年回想して言う。

……私が朝日新聞にいた時代には、少くとも政党に対しては不偏不党で行くということ、それから記者が新聞の独立、不偏不党と同じようなことだが、独立ということを、新聞記者の良心の問題として、これを堅持しなければならぬという気持は非常に強かったように思う。それでも人の饗応を受けるとか、それから何か金を貰うとか、そういうことについては厳重過ぎる程厳重なディシプリンを立てた。風見章君が内閣書記官長になったとき「自分は内閣書記官長になって驚いたのだが、総理大臣が旅行する時新聞記者が随行する。その場合にはそれぞれの本社から旅費を貰って来るのだろうが、自分の手許からも旅費を出さなければならぬ。当時は内閣書記官長は手許に相当額の機密費があったから、そういうことが出来たのであろう。所がその中で絶対に貰わぬのは朝日だけだ」と言っておった。それで成程これは朝日新聞の社風というものは、相当行届いているという感じを持ったことがある。（『五十人の新聞人』）

新聞記者はみずからを「無冠の帝王」と自負する時代もあったが、その時代について緒方は語る。

私らの時代で、ある程度言論が暢達し、比較的面白く働けたのは、第一次大戦後から普選案が成立し、実施されるまでの間であった。普選案はたしかに新聞が時代を引摺《ず》った。政党は息を切らしながら尾《つ》いて来た形だった。普選のほかには軍縮もその時代を象徴するものであった。

（「週刊朝日」昭二七年）

朝日新聞は事実普通選挙（選挙権に納税要件撤廃）の促進と軍縮の貫徹について率先世論の喚起につとめた。普選については大正六年（一九一七）その速やかな実施を主張して以来、単に紙面上のみならず、各種演説会を開催して直接民衆に呼びかけ、政党を叱咤《しった》し、ついに大正十四年の第五〇議会において普通選挙法を通過させたのである。軍縮については緒方のワシントン会議参加取材に見たとおりで、主力艦の対米英比六割案に率先賛成した。

緒方が編集局長となった当時の東京朝日の論説陣には、柳田国男、米田実、関口泰、前田多門の四人がいた。それぞれ国際政治・アジア・経済・国内政治・文化と専門分野を担当した。論説委員室の雰囲気はきわめて自由で、緒方は委員の執筆するものにはほとんど文句をさしはさむことはなかった。大きな政治問題には緒方がみずから筆をとった。

ただ昭和三年（一九二八）の御大礼（即位の行事）のときその行事について柳田が皇室ないし政

府にかなり批判的なことを書いて、緒方が礼をつくして「ここは一つ何とか削ってもらえないだろうか」と頼んだ。しかし柳田は頑固に自説を固執して緒方の頼みを容れない。二度、三度論説委員室に足を運んでようやく柳田は若干の修正を加えることに同意した。かほど、朝日の論説は自由に自説を論ずることができたのである。

昭和四年一月、緒方は「朝日常識講座」第四巻として『議会の話』を朝日新聞社から出版した。これは朝日時代における緒方の唯一の著書であった。

この書で緒方はまずロシアのソヴィエト政治、イタリアのファシスト政治を紹介し、議会・政党・選挙等の沿革とわが国の実情を平易に説明した。そして「議会政治とは、一口に言えば無理をしない政治」であり「決して結果を急がず、すべて国民の納得の上にやって行こう」というものであって、ロシアやイタリアのような議会否認の制度であってはならないとする。当時の日本の議会政治も緒方にとって極めて不満足なものであったから、かなり徹底した議会主義の思想を展開した。

日本の政治の障害となる要因を大きく三つ挙げている。一つは枢密院の存在である。これは元来、明治憲法審議のため設けられたのであるが、その後も条約や重要法案諮詢のため存在し、時には内閣を倒す存在ともなった。事実、昭和初年、若槻内閣は台湾銀行救済の緊急勅令案を否決され、総辞職した。緒方は「この内閣対枢密院の問題には救済の道がない」とし、皇室問題を外に移して「枢密院を廃止する外ない」と極論する。

第二の障害は陸海軍大臣の武官制である。これも「議会政治機構の妨げとなる」ものとして批判する。軍部大臣を武官に制限している国は日本しかなく、内閣の連帯性が習わしとなりつつあるとき、ひとり陸海軍大臣のみが軍部を代表し軍部の推薦により進退することは「責任内閣制を乱し、議会政治の機構を破壊する」ものであるとする。事実、軍部大臣武官制はときの内閣打倒の道具にも使われた。

第三には貴族院についてである。貴族院議員の大部分が華族議員であり、華族以外の勅選議員は一二五名にすぎず、実質的に華族の貴族院であり、国民の代表であるべき議会の一院たる性質と矛盾し、「かかる貴族院が衆議院と同等または同等以上の機能を有していては、議会政治は到底円滑に運用され得ない」とする。こうした時代錯誤的な貴族院制度はなんらかの改革を加えられねばならない。

そうして国民の政治常識を発達させるためには「言論を自由にし、健全なる輿論を構成すること」が何より肝要であり、特に「新聞の報道が輿論を形作るもっとも重要な材料となっている」として新聞の任務の重大さを指摘した。

この緒方の議会制度についての考察は、緒方ものちに述べたように、普選の前後何年かの言論の自由な時代に述べられたもので、彼の言わんとする政治形態は戦後の新憲法下の政治を指しているごとく新鮮なものであった。

つけ加えておかねばならないのは、こうした緒方の徹底した議会中心主義が右翼方面からの攻撃を招いたということである。

第五章　満州事変以後

満州事変と新聞

陸軍が新聞に対して高圧的になるのは昭和三年六月の張作霖事件以後であるが、まだそのころ緒方ら新聞人も陸軍に対してものを言った。田中義一内閣のとき、軍事費が過大であるとする朝日新聞に、ある青年将校が緒方に決闘を申し込んだことは前に触れたが、これに対し緒方は「決闘は法律で禁じられているから応ずるわけにはいかないが、闇討ちはご随意である」と切り返した。しかし昭和五年に陸軍の中堅将校による革新団体〝桜会〟ができ、広義国防の名の下に軍が政治について発言を始めたころから、軍部の新聞に対する態度は硬化してきた。それは満州事変を契機に一段と強くなってきた。新聞記者たちが「無冠の帝王」を自負した時代は急速に去りつつあった。その一大転機となったのが昭和六年（一九三一）九月に勃発した満州事変である。

満州事変は関東軍（南満州鉄道警備が主任務）高級参謀板垣征四郎大佐（のち陸相）、参謀石原莞《かん》爾《じ》中佐らによる謀略であったが、軍中央も関与していたことは前に書いた緒方ら新聞人と小磯軍務局長らとの会合での小磯の暴言に見るとおりである。

朝日新聞は満州事変に対しては「事件不拡大」を主張し、「満蒙の権益は条約上の権益であるからには、条約の尊重と国際信義とを」重んじなければならず「同じ条約でも国際連盟規約と不戦条約とを認めないというわけにはいかない」と論じ、軍の自制を求めるほかなかった。

しかし国際連盟理事会が事変を採り上げると、新聞の論調も次第に軍事行動に対して弁護的となり、次々に拡大する軍事行動を追認する方向を辿る。これは時の第二次若槻内閣も同じであった。

満州独立運動が進展して昭和七年三月満州国が誕生すると、朝日新聞は「吾人も新満州国をもって国際法上許された完全なる独立国となすの早計なるを知るのであるが」としながらも、新国家の誕生に祝意を表し、「日本今日の最大急務は、新事態を認識して、それによって速やかに根本方針を確立することである。それとともに国際的に糊塗して来た遠慮勝ちの態度を改め、満州国と日本との不可分な関係を率直に語るべきではなかろうか」と開き直る。

これについては、陸軍が、満州事変について朝日が非協力的だとか、陸軍予算の紙面の取扱いが小さいとか言いがかりをつけ、偕行社(陸軍将校の倶楽部)の奥まった一室に編集局長たる緒方を呼び出して、新聞班長はじめ参謀本部や陸軍省軍務局の連中が嫌味を言い、さては地方師団や連隊に朝日の不買同盟を結成させ、広告主を脅かして広告不掲載の運動さえ起こさせた。

こうなっては緒方も新局面に対応せざるを得なくなった。

昭和八年(一九三三)九月、緒方は東京朝日新聞経済部長白石幸三郎を伴って、満州および華北視察の旅に出た。建国後の満州国の実情を視察するのが目的であるが、年来あまり良好といえない朝日と陸軍の関係をいくらかでも修復できればとの思いもあった。しかし当初、緒方は満州で「消されるであろう」という噂が立った。そのためもあってか、出発に際しては緒方の友人知己多数が東京駅に見送りに来た。妻コトも旅先からたびたび便りをするよう求めた。ふだんは家族へ筆不精な緒方も、旅先での異変を慮ってか、コトをはじめ子供たちへも次々と絵葉書を送った。

門司から大阪商船の「うらる丸」で大連に渡り、同地で満鉄総裁、副総裁はじめ大連実業界の首脳部と会見、次いで鞍山の昭和製鋼所を訪問、奉天(現在の瀋陽)に至り、満州事変勃発の地・北大営を訪れた。大連で第一線の経済人から満州建設の状況を聞いたり、鞍山鉱山を見たあとだけに、戦跡視察は緒方に強烈な印象を与えた。

撫順炭坑を視察して九月十三日新京(現在の長春)に入り、翌日執政府で溥儀《ふぎ》執政(満州皇帝)に謁見した。いわゆるラストエンペラーで、陸軍が北平(北京)から脱出させて執政から皇帝へと祭り上げたことは戦後になって判明するのである。緒方によれば溥儀は「縞の背広を着てロイド眼鏡をかけたところは瀟洒《しょうしゃ》たる青年紳士」であった。小磯国昭関東軍参謀長も「満州側全要人中一番の人物だろう」と語った。緒方の挨拶に対して執政は、満州国に対するこれまでの日本の援助を謝し、「過去十五年にわたり朝日新聞を愛読している」と語った。

新京滞在中、緒方は関東軍司令官菱刈隆、参謀長小磯、副参謀長岡村寧次ら関東軍首脳部をはじめ陸軍特務部の人々とも意見を交換したほか、満州国国務総理の鄭《てい》孝胥《しょ》、外交総長、総務庁長、満州中央銀行総裁など政財界の人々とも会談した。そして軍部、特務部の人たちがよく勉強しているのに感心している。

小磯は山形市の生まれで、幼いころ緒方と近所に住んでいた親しさもあって、緒方を海克線という新鉄道線が完成したのへ誘った。先発した小磯らを追って緒方は空路チチハルへ向い、同地で小磯らと合流、特別列車で回ってハルビンに達した。その後緒方はハイラル、満州里まで軍差回しの自動車で移動した。満ソ国境地帯の視察を終え、空路新京経由吉林を訪れ、発電計量等の説明を聞いた。次いで大連で催された大阪朝日の通信会議に出席したのち、奉天から空路錦州を経て承徳に赴き、ここから車で北平(北京)に入り、ここには一週間滞在して、北平軍事委員会長何応欽、軍団長商震らと会見、その後天津から船で大連に至り、空路帰京した。

出発前、現地で「消されるだろう」と噂された緒方も、年来の知己である小磯の特別のはからいで、現地軍から鄭重な案内をうけ、満州の広大な新天地における同胞の活動を目のあたりにし

常務・主筆時代の緒方（昭和9年）（朝）

て、満州問題に対する認識を少なからず改めるに至った。

この影響もあって昭和九年九月には朝日の社内に東亜問題調査会が設置され、軍部・満鉄・民間諸機関との密接な連携により、これら機関のもつ資料を収集するとともに、朝日自身の通信網を利用して、満州、中国、ソヴィエト連邦その他東亜各方面の政治経済社会の諸事情を積極的に研究しようとするものであった。設置後とりあえず副社長下村宏が会長になったが、十一月、緒方がこれに代った。

昭和九年（一九三四）四月、東西両朝日に主筆制が復活した。明治四十四年（一九一一）池辺三山が退社して以来約二十年ぶりのことであった。大阪朝日では編集局長高原操が主筆に、東京朝日では編集局長の緒方が主筆に、編集総務の美土路昌一が編集局長にあげられ、これからの激動の時代に対処することになった。さらに同年五月、緒方は常務取締役に選任され、経営の第一線に立つことにもなった。

石井光次郎と緒方

緒方竹虎と石井光次郎は朝日新聞において、片や編集局長、片や営業局長として、車の両輪の如く協力し合った仲であった。政界に入ると、吉田内閣末期の閣僚としてつねに志を同じくしていたといっていい。いわば「気心の知れた仲」であった。

石井の方は健康で政治家としても寿命が長かったから、衆議院議長となり、その得意の筆跡は今に衆議院の門標として残っている。

石井光次郎は緒方より一つ歳下で、明治二十二年（一八八九）八月、久留米市に生まれた。ブリヂストンタイヤの創設者石橋正二郎は同じ年の生まれだが早生まれだから一級上で、実家は「しまや足袋」といったが、小学校時代から仲がよく、「正ちゃん」「光ちゃん」の仲だった。ともに久留米商業に進んだ。石橋は家業の足袋屋をついだが、地下足袋をつくって成功した。

石井は高等小学校のとき、絵の教師の代理にきたあの坂本繁二郎に習ったという経歴をもつ。歳はいくつも違わなかったから、石井らは「繁《はん》ちゃん」の愛称で呼んでいた。

久留米商業の浅野校長は、のちに大阪朝日新聞の経済部長になり、第一次欧州大戦のときの成り上がりの金持に「成金」という名前をつけた人である。

石井は神戸高商に進み、ここで京都天龍寺の管長高木龍淵師の日曜提唱にずっと参禅した。神戸高商を出ると東京高商の専攻部に入り、高文試験にパスして、内務省に入る。所属は警視庁で警部である。警視総監は伊沢多喜男だった。大正三年七月である。すぐに交通課長になって、大正天皇即位式のパレードの先頭に立つという経験をした。

翌年、台湾総督府の民政長官になった下村海南から誘われて、総督府の秘書官になった。実際には民政長官秘書の仕事をする。次の総督が明石元《もと》二郎大将で福岡出身である。赴任する明石大将を石井が下関まで迎えに行った。下村が杉山茂丸《しげまる》という福岡出身の豪傑《ごうけつ》から石井のために紹介状をもらってやって、それを携えて迎えに行った。

明石は酒豪といわれていたが、ブドウ酒を少し飲むと酔う。

「将軍はお酒に強いように伝えられていますが、そうじゃないんですか」

「うん、もとは飲んだけど、このごろはだめだよ」

石井は明石が昔ロシア過激派を煽動していたころの、レーニンやトロッキーからの手紙を整理してやったりした。明石の意見では「あの連中は勢いに乗じてここまで来たが、ロシアという国柄から考えても、あのような思想が一国を長くおさえることはできないと思う」ということだった。

石井は台湾には五年いて、欧米周遊に出かけた。一年以上の遊学であった。

下村海南が朝日新聞に迎えられ、石井もついて行くことになった。社長は村山龍平である。村山は「東京朝日の営業局長になってくれ」と言った。東京は競争が激しく経営が苦しい。そこへ若い力を注ぎたいというのだが、いきさつがあって経理部長で入り、営業局長代理をつとめた。

ここで大正十二年九月一日の関東大震災に遭う。石井は営業局長を引き受け、東京朝日再建に乗り出す。それにはまず六階建てくらいの社屋を建て、印刷機を新しいものにそろえなければならない。

そのころ警視庁の官房主事を辞めて読売新聞の社長になっていた正力松太郎から「地所を探しているんなら数寄屋《すきや》橋のそばにいい所があるぞ」と教えられ、千坪を百万円で買い、村山社長の反対を説き伏せて、軍艦のような感じの社屋を建てた。

当時、編集局長の安藤正純が外遊中で、帰国後辞めたので、そのあとの編集局長に緒方竹虎が就いた。ここに石井・緒方コンビが生まれたのである。

石井は緒方と相談して「採用試験で優秀な大学卒を入れようじゃないか」ということになった。それまで採用方式も定まっていなかった。こうして最初に入ってきたのが細川隆元であり河野一郎であった。河野一郎は英語の答案が書けず、ヤケクソで漢詩を書いたのが、特別採用となったらしい。

広田内閣を支持する

二・二六事件については第一章で書いたが、若干補足すると、緒方は事件のあいだ即ち二月二十六日、二十七日、二十八日と新聞社に缶詰になって帰宅できなかった。緒方の弟龍は当時世田谷の成城学園に住んでいたが、この日二十六日大雪や動乱を気にせず朝日新聞社に緒方を訪ねた。反乱軍の襲撃直後である。まだ緊張の色さめぬ緒方と会ってから大久保の留守宅を訪ね、家族に当日の模様と緒方の無事を伝えた。

二十九日、反乱が収まりかけた様子を見せたので、当時慶応義塾大学予科三年生であった長男一太郎が着替えの下着を持って朝日に赴いた。もし社内に入る前に咎《とが》められたときは、学生服を着ているのだから「給仕だ」と答えるよう言い含められていたが、なにごともなく社内に入り、着替えを手渡して帰ることができた。二十九日の晩になって、事件も終息したので、緒方は三日ぶりに帰宅できた。

朝日を襲撃した反乱軍の指揮者は、赤坂の高橋蔵相を襲撃射殺した中橋基明中尉であったが、二・二六事件後しばらくしてから、田中軍吉という陸軍大尉が緒方を訪問した。事件の関係者として逮捕され、代々木の軍事刑務所に収容されたのち釈放されたばかりの者であったが、刑務所の便所で中橋に会うと、「お前いずれ出るんだろうが、出たら朝日新聞に行って、緒方という人にはなはだ無作法をしたが、宜しくと言ってくれ」という言伝てを受けたと述べた。中橋は代々木刑務所で銃殺刑を受けた。

二・二六事件も終息の気配の見えた二月二十八日の深更、じつは戒厳司令部からひそかに、東京朝日に依頼があり、「下士官、兵ニ告グ」のあの有名になったビラの印刷をたのまれたのである。朝日なら外部に洩れる心配はないし、早く印刷できるということだったらしい。石井営業局長が確保した予備の活字・印刷機が役に立った。帰順勧告のビラは翌二十九日早朝から海軍機によって空中から撒《ま》かれ、午前から反乱軍の原隊帰営が始まった。

事件平定後、下村宏副社長が朝日を去った後、石井常務取締役とならんで緒方は専務取締役となり、代表社員たる地位に就いた。実質上の代表者に形式上の椅子をもって報いたわけである。

編集局長、主筆になっても、緒方はかわらず社説には目を通した。そして朱筆を加えた。宴会の帰りにも社に立ち寄った。

「毎朝、忙しい人が社説の最初の三、四行を見ただけで、今日は何を論じているかを知り、最後の数行でわが社の主張を汲み取ってもらえるように努むべきだ」

と言うのを常とした。

社員への慰労も忘れなかった。盆・暮れには論説、編集の幹部何十人かを、柳橋の料亭に招いて、無礼講の接待をした。むろん自費である。そのために、いつもボーナスは社の自室のロッカーに収めて、家庭に持ち帰ったことがない。緒方にはひとつの信念があった。新聞記者の家庭はできるだけ簡素なのが望ましい。そのため臨時の収入は、ふだん仕事の苦労を共にしている同僚や後進の慰労に使うべきである、という信念である。箱根の強羅ホテルに一室を借り切って、自分の骨休めはもちろん、論説委員や編集局の幹部が休日を利用して一泊の楽しみをはかれるようにしてやっていた。

二・二六事件のあと、岡田内閣が総辞職し、後継首班に元老西園寺は迷わず近衛文麿を推挙するが、近衛は健康を理由に辞退する。その理由を本人は、のちに、心を寄せていた皇道《こうどう》派将軍たち（荒木や真崎ら）が予備役に追いやられてしまったからだと言う。このときは七人の大将が現役を去った。中堅統制派幕僚たちの策略といってよいだろう。

近衛辞退のあと、一木《いちき》枢密院議長、湯浅宮内大臣、木戸内大臣秘書官長（斎藤内大臣死去のため）、それに原田元老秘書が加わって、昼食を取りながらの密議のなかで「広田外相などはどうだろう」という話が出、木戸が宮内省に留まっていた元老西園寺にその話をすると「それも一案」ということになり、広田首班が浮上した。

木戸が近衛を通して広田と外務省同期の吉田茂前駐伊大使に広田の意向をさぐってもらった。広田は堅く辞退したが、ついには「大命が下ればお受けする」というところまできた。昭和十一年三月五日大命拝受。ただちに吉田茂を組閣参謀に外相官邸を本部に組閣をはじめる。

朝日新聞社副社長の下村宏が入閣交渉を受けた。

朝日では広田内閣に対する態度をきめるため、緒方をはじめ、関口泰、前田多門、土岐善麿、笠信太郎、佐々弘雄、嘉治隆一らの論説委員が集まって意見を出し合った。緒方がまず言う。

「朝日新聞はこれまでいずれの内閣に対しても、つかず離れずの態度でやって来たが、この情勢では今後は広田内閣を支持し、文官の力を強めることにより、軍部の力を抑えるという方針をとる外あるまい」

これに対して前田多門が「これまで不偏不党であった朝日が、特にある内閣を支持することはできない」と主張し、関口泰もこれに同調し、まもなく両人は朝日を去った。他は緒方の立場を諒とした。緒方としては広田内閣を支持することによって、少しでも軍部の力を抑えたかった。しかしこれが功を奏しなかったことはまもなくわかる。

閣僚選考に入った日の夜半二時頃、下村から緒方のところに電話があった。

「いま入閣交渉を受けて帰ってきたところだ。入閣して助けたいと思うので、夜が明けたら僕のところまで来てくれないか」

同様の電話が石井のところにもあった。

広田内閣の予想顔ぶれが新聞に報じられると、陸軍が横槍を入れた。陸相候補の寺内寿一《ひきいち》大将が組閣本部にやってきて、陸軍省軍務局の武藤章中佐の書いた声明書を読み上げた。「自由主義的色彩を帯び、現状維持または消極政策により妥協退嬰《えい》をもたらしかねない者の入閣には不同意」として、吉田茂外相候補、下村宏国務相候補の入閣を非難し、寺内陸相候補の入閣辞退をほのめかした。「坊ちゃん」といわれた寺内が、陸軍中枢のきめたことをそのまま述べにきたのであった。

下村の入閣に陸軍が反対していることを知った緒方は、石井とともに下村を訪ね、

「広田にはとても陸軍を抑えることはできないから、この際はお辞めになってはどうですか」

とすすめた。結局、吉田も辞退し、広田は陸軍の意向に従って組閣を完了した。

あとで緒方が広田に「どうして下村さんの入閣を考えたのですか」と訊くと、「下村さんはよく

いろんな意見を手紙で言って寄越してくれたんで、閣僚選考の際、頭に浮かんだ」ということだった。

日中戦争と緒方

広田内閣で政友会の浜田国松が軍部の政治介入について質問演説をしたところ、寺内陸軍大臣が「いささか軍隊を侮辱した言葉がある」と応じ、再度質問に立った浜田が「速記録を調べて僕が軍隊を侮辱した言葉があったら割腹して君にお詫びする、もしなかったら君割腹せよ」と迫った。寺内陸相は議会を解散することを閣議で主張したが、広田首相はこれを退け、総辞職の道を選んだ。

広田の後任には元陸相宇垣一成《かずしげ》が推薦を受けたが、宇垣の出身母体である陸軍が拒否、陸軍は思いのままになると踏んだ林銑十郎大将を推した。林は政治家としては無能で政党と対立して、やらでもの衆議院〝食い逃げ〟解散をやり、陸軍の中にも石原莞爾、十河信二らの満州組をつくって却って陸軍から見捨てられた。

第一次近衛文麿内閣は衆望を担って、軍部や財界からも期待されて、昭和十二年(一九三七)六月一日登場した。この近衛内閣およびこのとき勃発した日支事変については、緒方が親しくした米内光政の生涯を綴った『一軍人の生涯』に書いているから、覗いてみる。

第一次近衛内閣は、国内的には社会正義、国際的には国際正義といふ旗印を立て、二・二六事件以来国内に鬱屈した一切の相剋摩擦《こくまさつ》をなくするのだと標榜して乗出して来た。その近衛の態度たる極めて高踏的で、内閣総理大臣になるのは、政治の責任をとるのではなくて、謂はば経験を豊富にし、他日元老としての献替に資せようとしているものとしか、一般の目には映じなかつた。

新聞人たる緒方は近衛をこのように批判的に見ているが、新聞の写真で見る近衛は長身白皙、摂関家筆頭の門地とあって、子女の人気は抜群で、近衛のラジオ演説が始まると耳をそば立てたといわれる。

その近衛が首相になって一ヵ月もせぬかに盧溝橋事件が起こり、政府、軍中央の不拡大方針にかかわらず、事変は拡大して行った。このところを近衛自身は戦後の『失はれた政治』に「余が大命を拝した頃は、満州事変以来陸軍がやつた諸々の策動が次第に実を結び、大陸では已に一触即発の状態にあつたらしく、余も支那の問題が武力を用ふる程に深刻化していたことも無論わからず、組閣後わづか一月を出でずして盧溝橋事件が勃発し、支那事変へと発展したのである」と告白している。内閣総理大臣であるにかかわらず参謀本部のしていることは何ひとつ知らされなかったらしい。

支那事変についてはさらに『一軍人の生涯』で見よう。

第一次近衛内閣になると、陸軍が待ち構へたやうに日華事変を捲き起した。事変を捲き起したといつては甚だ穏かでないが、当時の陸軍に、全軍の信望を繋《つな》ぐ程の見識ある大人物が上に居り、全陸軍の統制がとれていたならば、仮令《たとえ》中国軍に不穏の行動があつても、事変を局地的に解決することは、左程《さほど》困難なことではなかつたと思はれる。

当時華北の空気は険悪で「風声鶴唳《かくれい》にも驚く」ほどであったから、何が起こっても不思議ではなかった。「要は日本側の軍首脳部に確乎たる見識と統制力とがあれば何でもなかつたのである」と緒方は言う。満州事変以来、軍の統制は崩れていた。軍の軽佻な輩は功名心にかられて事を起こそうとしていた。「日華事変はこのやうな空気の中に、幾度か解決の機会を逸し、拡大また拡大されて行つたのである」。

昭和十三年（一九三八）一月、近衛首相は「爾後、蒋介石政権を対手とせず」という東亜新秩序声明を出して、蔣政権を地方政権とし、中央政府に重慶を脱出した汪兆銘を主席とする政府を樹てて、これを中華民国政府とした。

広田外相の後釜として元陸相宇垣一成が座り、直ちに近衛声明を覆《くつが》えして蔣政権に和平工作を仕掛け、重慶の行政院長孔祥熙《き》と九州雲仙で秘密会談を行うことになり、宇垣は軍艦の手配までしたが、興亜院設置問題がこじれ、外相を辞任せざるを得なくなった。

この宇垣の工作の前段として、緒方の側面工作があった。緒方は大阪朝日の支那部長神尾茂を香港に特派し、蔣介石の信任厚い「大公報」の主筆張季鸞と連絡させ、交渉の緒《いとぐち》を見出そうとし、神尾と張の話し合いから、重慶の様子を宇垣外相に伝えていた。宇垣の突然の辞任は宇垣にとっても緒方にとっても残念なことであったが、それよりも事変解決の交渉が失われたことは日中両国のため残念なことであった。

米内光政と緒方

広田内閣で結んだ日独防共協定を発展させて日独伊軍事同盟に持って行くのが陸軍の肚《はら》であったが、平沼内閣のときドイツは同盟国日本に断りもなしにソ連と不可侵条約を結んだ。五相会議を七十数回も開いて三国同盟を論じ、結論を得なかった平沼内閣は「欧州の天地は複雑怪奇」との名言を残して総辞職した。

五相会議で石渡蔵相は三国同盟を主張する板垣陸相を相手に「一体、同盟を結ぶ以上、日独伊が米英仏ソを相手に戦う場合のあることを考えねばならぬが、海軍大臣は我に勝算ありと考えるかどうかお聞きしたい」と質問した。すると米内海相はなんの躊躇《ちゅうちょ》もなく、「勝てる見込みはありません。大体日本の海軍は米英を向うにまわして戦争をするように建造されておりません。独伊の海軍に至っては問題になりません」とはっきり答えた。

陸軍は三国同盟に反対する米内を嫌った。だから昭和十五年（一九四〇）一月、米内が組閣したときははじめから倒すつもりであった。陸軍は自分たちの持ってきた阿部大将内閣に愛想をつかして、次には畑俊六をもって来ようとした。畑は侍従武官長をつとめて陛下の信任も厚い。
『一軍人の生涯』から。

陸軍の抱く首相候補は、杉山元か然らざれば畑俊六といふことであつた。然るに突如として大命は米内光政に降下し、おまけに畑には陸軍大臣として米内に協力するやうにとの異例の御沙汰さへ賜つたのである。筆者（緒方）は政変当日、中国視察の旅から帰つたが、朝日新聞の編輯《しゅう》局に立つて集つて来る情報を聞いていると、両国国技館に相撲見物中だつた武藤軍務局長から電話がかかつて来た。そして「いま朝日新聞の号外を見たが、大命畑大将に下るといふのは間違ひないか」と。朝日新聞ではいくつかの情報から、畑大将間違ひなしと判断して号外を出したのである。旅行から帰社匆匆の筆者には勿論外に情報の持合せがないので、言下に号外を肯定すると、武藤は「それでは相撲など見ては居られない」と言ひざま電話を切つた。然るにその時より三時間の後には、陸軍大将ならぬ海軍大将に、畑ならぬ米内に大命が降下したのである……。

米内奏請はほとんど湯浅内大臣一人の意思に出ていたと思われる、と緒方も憶測する。しかも近衛や木戸幸一など宮廷グループにも相談しなかった。これについては、独伊との同盟を好まれなかった昭和天皇が、阿部内閣崩壊前、湯浅に「次は米内にしてはどうか」と言われたことがある。次期首班について御自分の意見を言われない天皇にしては珍しいことである。平沼内閣のとき問題が紛糾して一時不眠症になり、葉山に静養された陛下としては、米内内閣によって日独伊協定を未然に防ぎたいお気持があったのであろう。「米内内閣の出現は、陛下と湯浅と、君臣の意思の吻合《ふんごう》ともいへるのである」と緒方は言う。

緒方は米内が好きであった。米内は豪酒家で口数が少なかったが、緒方はあまり酒も飲まず、無口ではない。そういうところの共通点はない。強いて共通点といえば押し出しが立派で美丈夫なところであろう。緒方は、満州事変以来の滔々たる陸軍のファッショ的攻勢を阻止するには海軍の力を借りるほかないと思っていた。それで米内や山本五十六と親交を重ねたというが、その中を取り持ってくれたのは小学校同級の真藤慎太郎であった。一説によれば緒方と米内は兄弟分の盃を分け合ったという。ずいぶん古風な話だが、それほど親密であったということであろう。

木戸が内大臣になると、陸軍は近衛を樹てるために畑陸相を辞任させ、後継陸相を出さなかった。米内首相は「陸軍大臣は近時の政情に鑑み、辞表を呈出したるにより……」と書いて辞表を奉呈した。

緒方は米内内閣の総辞職を「陸軍が露骨に非常手段を用ひて米内内閣を押倒した所に、日本の破局はこの時すでに決していたといへるのである」と断定する。

ゾルゲ事件と緒方

米内内閣のあと近衛文麿が第二次内閣を組織すると、あたかもこの年（一九四〇）六月、フランスがドイツ軍に降伏したのを機に三国同盟論が勢いを盛り返して、陸軍が策定した三国同盟案を近衛内閣は鵜呑みにした。内閣の立役者は松岡洋右《ようすけ》外相である。

来日したドイツのシュターマー特使は「まず日独伊三国間の約定を成立せしめ、その後直ちにソ連に接近するのがよい。日ソ親善については、ドイツは『正直なブローカー』となる用意がある」と確言した（斎藤良衛『欺かれた歴史』）。松岡外相は外務省顧問の斎藤に「僕がドイツとの握手を考えた理由は、ソ連との握手のための一時的方便であり、そのソ連との握手にしてからが、アメリカとの握手の一方便であるのだから、軍部の同盟に期待するところと、僕の期待するところには、雲泥の差がある」と語った。（前掲書）

松岡の期待はひとりよがりであった。三国同盟はかえって日米交渉に悪影響を与えた。日米交渉と近衛について緒方は次のように述べている。

　軍の暴れ馬に引つかけられて心ならずも、日独伊同盟を締結した近衛は、流石《さすが》に心安からざるものがあつた。条約締結後暫《しばら》くして上京した山本連合艦隊司令官に……「日米戦争に対する見透し如何」を質《ただ》したところ山本は「それは是非やれといはれれば、初め半年か一年の間は随分暴れて御覧に入れる。併しながら二年、三年となれば、全く確信は持てぬ。三国同盟が出来たのは、今となつては致方はないが、この上は日米戦争を回避するやう、極力御努力を願ひたい」と述べたとのことである。

あとになってみれば、山本の言ったとおりになったが、たとえば日露戦争のとき、戦地へ赴く児玉源太郎総参謀長が、桂首相や伊藤博文に山本と同じようなことを言ったのに対し、桂や伊藤はちゃんとポーツマス条約を以て報いたのであるが、日米開戦時のわが国には惜しむらくは桂、伊藤、児玉のごとき大局を見る政治家、軍人がいなかった。

第二次近衛内閣は日米交渉に妨げとなる松岡外相を斬って第三次近衛内閣の発足となるが、陸軍の仏印（いまのベトナム）進駐を機に日米交渉はこじれ、アメリカの中国・仏印からの全面撤退要求となった。これには陸相東条英機《ひでき》が猛反対であり、対米英開戦を主張する。九月六日の御前会議は大本営・政府連絡会議作成の「帝国国策遂行要綱」を決定する。それは「対米（英蘭）戦争ヲ辞セザル決意ノ下ニ概《おおむ》ネ十月下旬ヲ目途トシ戦争準備ヲ完整ス」というものであった。第三次近衛内閣は総辞職し、代りに木戸内府の推薦で東条陸相が組閣する。

この辺の事情を緒方が手記に残している。

……東条は駐兵問題だけは陸軍の生命であつて絶対に譲れないと繰返し、殆《ほとん》どこれが幕切れとなつて近衛内閣は潰えた。近衛の手記には更に東条が『人間たまには清水《きよみず》の舞台から目をつぶつて飛下りることも必要だ』と語つたので流石に近衛も聞き咎めて『個人としてはさういふ場合も一生に一度はあるかも知れないが、二千六百年の国体と一億の国民のことを考へるならば、責任ある地位にある者としては出来るものではない』と答へている。假りに一場の捨台詞《すてぜりふ》にしても、サーベルの騒音のかげに如何に軽薄なる空気が動いていたかを想像させるのである。

昭和十六年（一九四一）十月十八日、東条内閣成立の日、ドイツ駐日大使の私設情報官で「フランクフルター・ツァイツング」紙特派員を名乗るリヒアルド・ゾルゲがコミンテルンのスパイ容疑で逮捕された。その三日前の十五日には元朝日新聞記者で満鉄嘱託の尾崎秀実《ほつみ》が逮捕されていた。尾崎は上海特派員のころからゾルゲと関わりがあった。朝日退社後も尾崎は中国問題の評論家として知られていた。朝日内部にも多数の友人がおり、とくに政経部長田中慎次郎は尾崎が近衛の側近であるところから、政界の情報を得、尾崎は田中から軍関係の情報をもらっていた。もちろん田中は尾崎がスパイであるなど、知る由もない。

緒方も尾崎を信用した一人である。ただ尾崎を警戒していた者がいた。美土路である。美土路は言う。「緒方君は尾崎君が好きだった。なんとかして引き立てようとする。彼の才気はたしかに秀れていたが、僕はなんとなく影のある人物に見えて仕方がない。それで彼の起用には極力反対し、緒方君もある程度僕の意見を容れたのだが、全面的に賛成はしなかった」。

じつは尾崎秀実を朝日新聞社に入れたのは石井光次郎だった。尾崎の父は台湾日日新聞の編集長をしていて、石井と親しかった。下村海南が台湾総督府の総務長官から朝日の副社長として入ったとき、尾崎の父が村山社長に「石井君も一緒に採用されるよう」熱心にすすめてくれた恩があった。尾崎秀実は若い頃から秀才で台湾一といわれる男であった。

さて、ゾルゲ事件に関連して朝日からは田中部長と、田中に陸軍の情報を伝えていた磯野清記者も逮捕されて、幹部は少なからず慌てた。検事局、警視庁、警保局にさぐりを入れてみるが、いずれも口を閉ざして語らない。緒方は官界に顔のきく某に命じて調査をさせた。某は親交ある大審院の検事に懇請して事件の概略を知ることができた。その中には、

——中国台児荘の戦闘で日本の一個師団が殆んど全滅に近い打撃を受けたのは、田中が動員計画や作戦計画を尾崎に洩らしたことによる。

——陸軍が北に向ってソ連を打つ計画を樹て、関東軍は膨大な兵力と資材をソ満国境に集めていたのを、急に南進政策に変更し、南部仏印に進攻したのも、尾崎によってソ連に報告された。その南進政策の転換には、やはり田中の情報提供によりスパイ団の一斉活躍となったものである。

などの事が含まれている。

そして検事は「こうなった以上は朝日はすみやかに編集の責任者を引責させるなど明白な処置をとった方がよい。ぐずぐずしておれば累が重役から社長にまで及びかねない」と注意してくれた。

緒方はこれを聞いて「野村編集局長は何も知らないのだし、監督不行届きだけで社を辞めさせ

るわけには行かぬ。やむを得なければ自分が責任をとる」と言った。

緒方は、田中はともかくとして、磯野は一政治記者として部長に報告するという当然のことをしたのであるから、なんとかして救済しなければならぬと、陸軍方面に働きかけた。幸い陸海軍には親しい者がいる。陸軍省の谷萩報道局部長は年来緒方に傾倒している。しかも逮捕された磯野は情報の出所については頑として口を割らない。これは口を割れば陸軍に迷惑をかけるし、被害者が出るかもしれない。これは新聞記者魂というべきものである。谷萩はこれに打たれ、検事局の方に諒解運動をしてくれた。そのおかげで磯野だけは不起訴となって、早く釈放された。

社内は戦々恐々《せんせんきょうきょう》としている。こうした社内の意向を汲んで、緒方は前年八月に兼務した編集総長を辞めた。十七年六月である。これはゾルゲ事件の逮捕が終わり、はじめて当局から「国際諜報団事件」として発表された後である。十八名が起訴され、ゾルゲ、尾崎が死刑となった。

このころから緒方に対する社内幹部の風当たりが次第につよくなった。二・二六事件後、東西朝日の主筆となって筆政の最高峰に立ったことが「緒方擅横《せんおう》」の口実を与えたわけであるが、その後緒方は十数種にのぼる政府の各種委員をつとめたことも、村山、上野の会長、社長をないがしろにして我が物顔に振る舞っていると、少なくとも会長、社長の側近幹部には映っていたらしい。それがゾルゲ事件で緒方が編集責任者を辞めると、追い打ちをかけるような空気になった。

こういうときに緒方の立場を弁明し擁護してくれたのは美土路昌一と石井光次郎であった。が、中野正剛の死はさらに緒方の立場を危くした。中野の葬儀委員長となったことで、社内にはそれが東条政府に対する反撃と見る者がおり、「主筆たる立場にある者が不謹慎ではないか」との声が出てきた。これも反緒方派を勇気づけたようである。

加えてまた緒方が誤解される事件が起きた。

石井は戦局の推移と社会情勢にかんがみ、かつは軍との対立もあって、新聞を守るのは困難な状況にあるから、ここはひとつ緒方に奮起してもらって、緒方に社長になってもらいたいと考え、緒方を説き、村山社長にも提案した。朝日新聞はずっと村山、上野両家で会長・社長を交代してきた。石井の提案は少なからず村山社長を驚かせたが、考慮を約束した。

しかし当時の朝日社内の雰囲気は、緒方、石井の拠る東京本社の主導権に対する朝日発祥の地大阪本社側の不満と、緒方の出た論説委員室・政治部に対する社会部系の反発が高まっており、加えて朝日と軍・政府の摩擦の激化から、緒方を朝日の代表者とすることを危惧する空気が強まっていた。

昭和十八年十二月の重役会で村山社長は「戦局多事の折から、自分一人では難局を処理しがたいから、緒方君を副社長にして自分を補佐してもらうことにしたい」と提案した。これはつまり、主筆を免じて緒方に第一線からの引退を求めたものであった。

主筆を免じられて副社長の閑職に就いたことに、緒方は釈然たらざるものを感じ「いっそ自分を上海へでも特派してくれればよい」と言っていた。

当時「ジャワ新聞」の社長としてジャカルタにいた野村秀雄は、緒方が主筆兼務のまま副社長になったものと思い込み、祝電を寄せた。緒方は簡単な返信を送り、その中で「副社長に祭り上げられて、ビスマルクとカイザーの感あり」と書いた。かの鉄血宰相ビスマルクがカイザー即位のあと宰相の地位を去らざるを得なかった悲哀を言ったのであろう。

石井はこのような様を嘆いて「世間が緒方を副社長のまま放ってはおくまい。きっと外部から誘いが来るよ」と予言した。朝日は緒方を放り出してよいのか、という警告だったのだが、その予測はあたって、半年後、小磯内閣から誘いがあった。

第六章　緒方の入閣と日中和平工作

小磯内閣の国務大臣となる

昭和十九年に入ると戦局はいよいよわが方に不利となる。二月には米軍がマーシャル群島に上陸し、六月にはサイパン島に上陸、日本海軍はマリアナ沖海戦に惨敗した。七月、サイパン島のわが守備隊が全滅するに及んで、東条内閣に退陣を迫る動きが重臣の間で表面化してきた。近衛文麿、岡田啓介、広田弘毅、米内光政らの首相経験者である。東条首相は内閣改造によって事態を切り抜けようとしたが、木戸内大臣が難色を示し、逆に重臣らの内閣退陣要求を「人心一新の要あり」として昭和天皇に言上した。七月十八日、東条内閣は総辞職した。
同日重臣会議が開かれ、後継首班に、寺内寿一元帥、小磯国昭朝鮮総督、畑俊六元帥の名が上がった。東条前首相兼参謀総長から、寺内は南方軍総司令官ゆえ作戦上不可と天皇に奏上し、小磯大将のお召しとなった。

小磯については近衛が面識もなく、不安も伴うので、米内との連立ではどうかとの意見が出て、両人が召され、天皇から「卿《けい》等協力内閣を組織せよ」とのお言葉があった。

小磯は朝鮮から飛行機で上京したが、発つ前、緒方に組閣本部に来るよう伝言したという。そのことを知らない緒方は、小磯・米内連立内閣との情報を得て、国内情勢とともにこれを参内前に小磯に知らせようと走り回っていた。

前に述べたように、緒方の生まれた山形市で、小磯が近所にいて、父親同士が県庁の書記官をしていたから、早くから知っていた。だが小磯は十歳近くも上であったから、緒方の記憶はなく、「美しいお姉さんがいたなあ」という記憶があった。

両人が親しくつきあうのは満州事変前、小磯が陸軍省軍務局長、緒方が編集局長のときからである。その後、前述したように小磯が関東軍参謀長だった頃、緒方は満州を視察し、軍から睨まれていた朝日新聞なのに、小磯みずから案内を買って出るといういきさつがあった。

米内光政とは同郷の真藤慎太郎のあっせんで、山本五十六《いそろく》、井上成美《しげよし》ら穏健派の海軍軍人としばしば会食をともにした仲であった。緒方は入閣のつもりはなかった。組閣の手伝いだけして帰るつもりでいたところ、もう組閣名簿に入っていて、天皇がこれを見て、「緒方が入っていてよかったね」と言われたという話までする者もいた。「いちど社の若い者たちの意見もきかねば」と米内に言うと、「もし必要なら自分が社まで談判に行ってもよい」と言うし、「自分は一生一業を信念にしている。新聞がそれだ」と言うと、「それは君の道楽だろう」と突き放すというわけで引けなくなってしまったのである。小磯内閣における主な閣僚は、米内海相、杉山元《はじめ》陸相、重光葵《まもる》外相兼大東亜相、緒方国務大臣兼情報局総裁である。

小磯首相は現役に復帰して陸相になりたかったが、陸軍から拒否されていた。その代わりというべきか、従来の大本営政府連絡会議を「最高戦争指導会議」と改め、首相が議長をつとめることとした。が、内容は従来と変わらない。ただ重光外相の発議で、議題によっては幹事たる内閣書記官長や両軍務局長らの出席を止め、首相・外相・陸海相・参謀総長・軍令部総長の六名のみの会議とすることもきめられた。

近年、重光葵家から筆者が発見した「最高戦争指導会議記録」は外相秘書官室で作成されたもので、小磯内閣における最高戦争指導会議の進行を知り得る唯一の資料である。

それによると、第一回会議は昭和十九年八月九日に宮中で開かれ、会議の進行と世界情勢の判断が首相から述べられた。第二回以降「世界情勢判断」「今後ニ於ケル戦争指導ノ大綱」が討議される。後者においては重慶《じゅうけい》工作と独ソ和平問題が重要議題であった。そして対重慶工作は南京政府によって行われるべきことを確認する。

繆斌は重慶の回し者か

緒方は早くからアジアに対する関心が高く、ことに日中関係には非常な関心をもっていた。早く昭和十三年（一九三八）、宇垣一成《かずしげ》外相が重慶政府の孔祥熙《しょうき》行政院長との直接会談で日中和平を実現しようと試みたとき、側面からこれを助けた。大陸浪人の萱野《かやの》長知が情報を送ってくるのを、朝日の飛行機を使い、通信手段を提供したりした。この工作は、機密保持のため軍艦で孔を香港から長崎まで運び、雲仙温泉で宇垣・孔会談を行う手筈になっていたが、直前に宇垣が外相を辞任する事態が起こったため、中止となった。

昭和十六年には、頭山満を蔣介石のもとに派遣する計画に参画し、緒方は乗馬仲間の東久邇宮《ひがしくに》稔彦《なるひこ》王と頭山との連絡役をつとめた。頭山はかつて日本に下野《げや》の身を養いに来た蔣介石を援助したことがあり、孫文の庇護者でもあったから、東久邇宮も日中和平には頭山を重慶に派遣するのがいちばんよいと考えていた。頭山もまた「最後の御奉公」と大いに賛同したが、東久邇宮が東条首相にこれを勧めたところ、言下に拒否したので、この試みも失敗に終わった。

緒方は小磯内閣に入閣してから、まっ先に重慶との和平問題を採り上げたいと思った。早くから、日支事変解決のためには重慶の蔣政権と交渉すべきであると考え、南京の汪兆銘政府を重視しなかった。小磯首相に日中和平問題を提起すると、小磯首相も乗り気で、駐華大使に大物を起用して直接交渉に当たらせるという緒方の意見を容れ、宇垣一成と広田弘毅に折衝したがいずれからも断られた。宇垣は中国視察をしたいというので、華北・華中を一巡してもらった。宇垣の結論は大使と中国派遣軍司令官を一体化するというもので、ひそかに自らを現役復帰させてこの役に当たりたい意向のようであったが、陸軍が受け入れるべくもなかった。

そこで緒方は、前年中国視察の際上海で会った繆斌《ミョウヒン》を使ってみてはどうかと考えた。繆斌を緒方に紹介したのは元朝日の上海特派員で支那浪人になっている田村真作であった。緒方は遺稿でこう言っている。

「繆斌から受けた私の第一印象は、彼は仕事師的な俗人で、決して志士的な理想家ではないということであった。しかし、彼の説く太平洋戦争を中心の国際情勢は真に掌を指す如きものがあり、またこれを説くこと非常に熱心であった。殊に彼が、今、蔣介石政府をして急に日本と握手せしめんとするのは、そもそも無理の注文である、中国が戦いを止めることは日米戦争の終ることでなければならぬ、と説いたことも不思議に私の耳底に残っていた」

田村が言うに、繆斌は重慶の蔣主席の右腕といわれる張群と連絡があり、とくに蔣の信頼する戴笠《たいりゅう》という諜報秘密機関の親玉と無線でたえず連絡しているというのである。緒方はここに目をつけた。繆を東京に招いて、重慶との連絡にあたらせれば、何かの端緒がつかめるかもしれない。

九月五日の最高戦争指導会議は「対重慶工作実施ニ関スル件」を決めた。工作実施の要領をきめたもので、

一、方針　対重慶政治工作ハ大東亜戦争遂行ノ為速カニ重慶政権ノ対日抗戦ヲ終止セシムル

ヲ主眼トス　之レガ為先ヅ彼我ノ間ニ直接会談ノ機ヲ作ルヲ以テ第一目標トス

とし、要領として、「為シ得レバ国民政府ヲシテ適当ナル人物ヲ重慶ニ派遣セシム」と定めた。和平条件は八ヵ条あるが、柱は蔣介石の南京帰還と統一政府の樹立、在支米軍の撤退と日本軍の撤退、満州国は現状維持、香港は中国に返還などである。

これを南京政府に伝えるため、陸軍次官柴山兼四郎中将が南京に飛んだ。汪兆銘主席が骨髄腫のため名古屋帝大病院に入院しているので、立法院長陳公博、財務部長周仏海の二人の実力者に実施要綱を伝えた。

この工作要綱については、小磯首相から昭和天皇に奏上がなされたが、その際、天皇からは鋭い質問がなされた。

天皇　工作成功後は重慶をして中立せしめる考えであるか。

小磯　でき得れば参戦せしめたく、最小限度好意的中立を確保致したい。

天皇　日華同盟は消滅するのか。

小磯　同盟は消滅しますが、なお同盟を目途に施策の方針。

天皇　工作の結果、汪との関係はどうなるのか。

小磯　工作成就すれば蔣介石を主席とします。

天皇　汪主席がなお存命すればどうなるか。

小磯　亡命が可能。

天皇はなお「近衛声明」（蔣介石を対手とせず）との関係はどうか、満州国はどうなるか、海南島の処置はどうするかなど、次々に質問された。（「最高戦争指導会議記録」より）

十一月十日汪兆銘が名古屋帝大病院で波瀾の生涯を閉じた。十二月、内閣改造問題で小磯首相と重光外相が対立した。小磯首相は腹心の二宮治重《はるしげ》文相をして、重光が兼任している大東亜相専任とし、中国問題を担当させようとしたが、重光の抵抗にあって引っ込めざるを得なかった。

そこで小磯首相は最高戦争指導会議に、対中国政策の再検討を提案した。しかし小磯の提案に陸士同期で元帥になっている杉山陸相が反対し、ついで重光外相が意見を述べて杉山陸相を支持、梅津参謀総長も重光外相に同調して、小磯首相の提案は却けられた。

小磯首相は繆斌を呼んで事情を聴くことにし、重光外相、杉山陸相に諒解を求めた。繆斌を招くことには支那派遣軍が反対でなかなか飛行機を出さない。小磯首相が催促してようやく年が明けた二十年三月十六日、繆斌ひとりが三月十日の東京大空襲のあとの荒涼たる焼跡ひろがる羽田空港に降り立った。繆の希望した無線機も無線技師も通訳も軍から搭乗を許されなかった。

繆は中日全面和平実行案を携行していた。蔣委員長の諒解を得ているという。その骨子は、一、南京政府の解消、二、南京留守府政権を樹立する、三、留守府政権成立と同時に重慶政府と日本政府は互いに停戦撤兵の交渉を開始する。
というものであった。
繆は小磯首相に会う前に東久邇宮に会いたいと言うので、宮と懇意な緒方は、三月十七日、麻布の防衛司令官官邸に繆を伴って宮に引見願った。宮の「私の記録」によると、次のような会話が交された。

宮　重慶では、日本の天皇を認めるか、どうか。
繆　認めます。
宮　なぜ日本と和平するのか。
繆　中国は日本がこのまま亡び去ることを望んでいません。
宮　小磯首相の招請で来たのに、なぜ最初に私と会うことを欲したか？
繆　日本では誰も信用できない。頼りになるのは天皇御一人だけである。しかし直接お会いできないので、殿下によって雑音なしに自分の考えを取りついでもらいたいと思った。

ここから、宮が蔣介石の存在を大いに賛え、「蔣介石が音頭をとって、世界平和を提唱してはどうか？」などと言って繆を感激させる。宮も「(繆に) 会って見ると、術策をろうするといった謀略型の人ではなく——率直に胸襟を開いて話し合えると思った」と共感している。だが閣僚たちは違う。

緒方は繆の和平案をもとに、日中全面和平案と重慶への専使派遣案とを作成した。三月二十一日、小磯首相は最高戦争指導会議の構成員のみの会議を招集した。特に緒方の出席を求め、緒方から日中全面和平案と専使派遣案を説明した。専使には自分があたるつもりであった。

緒方の和平案は繆の提案を基礎としたもので、南京政府解消、停戦撤兵、引継機関として留守府開設を内容とし、「専使を派遣して蔣介石の真意を確むべき」旨の意見が付されていた。その専使に緒方がみずから当たるというのである。

会議の様子が重光関係資料に会議録と別にメモとして残っている。まず杉山陸相が発言した。

杉山　繆斌がいかなる資格をもつ者か、重慶といかなる関係にあるのかを十分に突き詰めて着手すべきところ、繆は元来重慶の回し者と見られている。

重光　外務当局として日夜苦慮しているところで、重慶工作には十分考慮しているが、繆が重慶の回し者であることは本会でも一致した意見であり、自分は彼の招致には反対であった。本件については在華谷正之大使より二、三の電報があるので参考のため読み上げる。

谷大使からの電報というのは、南京政府周仏海財政部長の内報によれば、先に重慶に派遣した者が張群、熊式輝《ゆうしきき》、何応欽列席の下に蔣介石に面会し、国府側の意向を伝えたところ、蔣は、現在米国と連合している関係上、対日和平は不可能である、と言ったという内容であった。

米内　相手の何びとなるやを十分に突きとめずに一国の総理が重要なる話をするのは、いかがなものであろうか。相手は我が方の有力なる情報を得らるべきも、我が方に対しては危険この上もない。

梅津　今日撤兵などを行えば米軍が追いついて来るだろうし、そうなれば如何なることになろうか。

以上は重光サイドの記録であるが、緒方も手記で「最高戦争指導会議においては重光外相まず南京清水書記官の情報に基きて真向より反対し、次いで杉山陸軍大臣、梅津参謀総長、及川軍令部総長も皆反対または賛否を留保し、会議は白けたるなかに散会した。要するに最初より事態を真面目に検討するの意思がないのである」と不首尾を認めている。

緒方は数日後、自分をいちばん理解してくれていると思う米内海相に「今や戦争のみをもってしては局面の打開はほとんど不可能である。万一敗戦の場合、顧みて打つ手が残されていてはお上に対して申訳ない次第ではないか」と再考を求めた。海相は「君の誠意は認めるが、事ここに至っては内閣は最悪の場合に陥るほかなかろう」と言う。東久邇宮も緒方の胸中を掬《く》んで、陸相、参謀総長を呼んで事態の収拾を勧説したが、両人とも煮え切らなかった。

「もう毒が回っていた」

　ここにおいて緒方は小磯首相に「事ここに至っては事情を聖聴に達して善処さるべきではないか」と進言した。小磯も「むろんそのつもりである」と答え、四月二日、単独内奏した。『木戸幸一日記』によると、四月三日の条に「御召により午前十時過御文庫に参入、拝謁す。支那より渡来せる繆斌につき左の如き御話あり」として昨日（四月二日）小磯首相から内奏したことを詳しく話された。小磯首相は繆斌についてなお例の謀略を考えているようで、なおこの工作を進むるように話しておったが、いままで他の大臣から聞いていたこととはだいぶ違っているとは思ったが、直ちに不可というのはどうかと思ったので、深入りをしないようにせよと言うたところ、言葉を返して、いかにも惜しいというようなことを言うておった。もう一度招《よ》んで打切るように言おうと思うがどうか（傍点筆者）。陛下に対して首相が言葉を返すということに不快をおぼえるといった空気である。

　木戸は、「陸・海・外の三大臣の意見を徴した上で、首相に申されてはいかがでしょうか」と奉答して御前を下った。

　翌四月三日は神武天皇祭の休日で、重光外相は麴町三番町の自宅でくつろいでいるところに、宮中からのお召しがあった。昭和天皇は重光外相に、昨日の小磯首相とのやりとりを話され、「総理は自分の言葉を返して、繆斌をこのまま帰すは惜しいようなことを言うておった」と言われる。

重光は奉答した。

「繆斌のことなら、重光の承知しているところではすでに片がついておるはずでございます。議会の末期、帰すことに一同相談し、小磯首相も緒方国務相も承知して、もはや帰国したはずです」（『重光葵手記』より）

実は重光の参内の前、天皇は杉山陸相、米内海相を別々に呼び、意見を聴かれていた。三大臣とも繆斌工作に否定的な意見であった。

緒方によれば、二日に小磯首相が内奏して繆斌工作を継続したいと申し上げたあと、退出して、情報局にいた緒方に電話して、心なしか力のない声で「もう毒が回っていてだめだった」と語ったそうである。毒とは、三大臣、とりわけ重光外相から木戸内大臣を通じて、繆斌の重慶回し者説が天皇の耳に入っていたということであろう。

四月四日は深夜午前一時から四時半まで、帝都が米機の空襲を受けた。午後二時、小磯首相が木戸内大臣を訪い、総辞職の意を伝えた。午前、首相は天皇に召されて、繆斌工作を打ち切るようにとのお言葉をいただいた。それを受けての辞意表明である。木戸は「辞表呈出は明朝にされてはいかが」と伝えた。五日午前、小磯首相参内、内閣員の辞表を奉呈した。

小磯首相は内閣を改造して自分は陸軍に現役復帰し、陸軍大臣を兼任したかったが、陸軍に拒否されたといわれる。陸軍は防衛力強化のため、杉山・畑の両元帥を第一総軍・第二総軍の司令官に任じ、後任陸相には阿南惟幾《あなみこれちか》大将をあてることをきめていた。

繆斌事件について、緒方は後年次のように書き残している。

私は顧みて当時の最高戦争指導会議が仮りに繆斌工作を一致支持しても、小磯内閣の政治力とその置かれた環境のなかにあつて、能く狂瀾《きょうらん》を既倒に処理し得たかどうかを疑問に思つている。しかし、何等の代案もなく、ただ南京政府に対する腐れ縁的信義の故に、初めからボイコツト的に繆斌問題を押し潰さんとしたところに、果して今日の敗戦を予想した戦局への認識を持つていたかを疑わざるを得ないのである。庸《よう》人国を誤まるの悲史の一例を眼前に見た印象は、一生私の脳裏を去らぬであろう。繆斌問題の反対が国を亡したとは言わない。この庸人的政治がこの亡国に導いたのである。

庸人は凡庸な人、凡人の政治が国を誤まるというのである。緒方の歯がゆさが察せられる。

重臣会議は全会一致で後継首班に海軍大将鈴木貫太郎を推した。鈴木は二・二六事件で瀕死の重傷ののち、枢密院副議長、十九年から議長を務めていた。戦局は、四月一日米軍が沖縄本土に上陸、ドイツも敗色濃かったから(五月八日降伏)、鈴木内閣は終戦の機をさぐる運命にあった。そしてまた緒方の登場する機がやってくる。

緒方と秘書の交友

朝日新聞で緒方に仕えたことのある同郷の高宮太平は『人間緒方竹虎』で朝日時代の緒方のエピソードを多く紹介しているが、その中で「この人にこの秘書あり」の文章は胸を打つものがある。日本水泳界育ての親である田畑政治は変った記者で、「彼は政治部か運動部か」といわれていたらしいが、遠州浜松の出身で生家が造り酒屋で小遣いも潤沢にもらうらしく、独り者のくせに一家を構え、水泳や郷里関係の学生を同居させたりしていた。よく咬みつく男で、河野一郎など最も咬みつかれた男であった。

この田畑が緒方をひいき役者にしていて、緒方も夕方田畑を見つけると「飯食いに行こう」と誘い、田畑の方も「緒方さん、飯食いに行きましょう」と催促する。緒方が田畑に寛大すぎると幹部の中にも不満をもつ者がいたが、緒方は少しも構わなかった。田畑は後に論説委員になり、政治部長になり、重役になったりしたが、それは緒方の関った人事ではなく、田畑とは淡々たる交際、互いに相許してかわることなく交際がつづいた。高宮は「こんな美しい男の交際は滅多に見られるものではなかった」と述べている。

浅村成功は緒方の下で政治部次長をしていたが、酒には目のない男で、母堂が「成功に金を持たせてはすぐに飲んでしまう」と、朝日の株を買って与えた。景気のよいときは年一割以上の配当があったので、配当金だけで相当なものだった。浅村は古島一雄と親しかった。その古島は清貧をもってきこえた政治家だが、口は奢っていた。彼は戦時戦後の食糧難のときでも、白い飯でないと機嫌が悪い。けれども人に頭を下げて頼むのを嫌った。古島の暮しの内実を知っている浅村は、ボーナスをもらえばいくぶんかを古島に届ける。ふだんでも無理算段をして古島に届けた。

あるとき急に浅村の手首から腕時計が外れていた。ずいぶん後になって高宮が白状させたところによると、古島献金に窮しての策であった。古島の薫陶を受けたせいか、浅村自身の生活はじつにきれいであって、難を言えば酒を飲むだけで、女性関係も一切なかった。

最後は大阪朝日の連絡部長であったが、上役にお世辞を使わず、仲間を集めるようなことをしない。仕事熱心で釣りに行くくらいが楽しみであった。こんな几帳面な人物は大阪朝日では容れられないところがあって、連絡部長で停年退職となった。退職手当も前借で飲んでしまったので、残りはいくらもない。毎日釣りに行くだけで生活に窮していた。

あるとき大阪に行った緒方がこの状態を見て、「困っているなら困っているとなぜ言って来ない」と叱って、さっそく東京に呼んだ。

「緒方さんが呼んでくれなければ僕は干乾しになっていたろう」と後に語ったという。浅村は緒方の主筆秘書となった。と言っても給料は緒方のポケットマネーから出ていたし、身分は朝日新聞無給嘱託で、つまりは私設秘書である。

浅村は無類の整理癖で、何でもきちんと片づけていないと気に入らぬ。ところが緒方の机の上は書類、書籍、書簡類が山積していて、何がどこにあるのかわからぬ乱雑ぶりである。浅村はすぐそれを整理して一目瞭然に区分した。しかしそれが緒方には気に入らぬ。
「浅村君、整理はやめてくれ。何が何だか判らなくなる」
と叱った。人の目には乱雑極まる机上だが、緒方の頭の中ではきちんと整理されているらしい。緒方から何度注意されても整理癖をやめようとしない。「いい加減にしてくれよ」としきりに嘆願するが、浅村は机上塵ひとつないように片づけた。「浅村君にこの癖さえなければ」と緒方は嘆息した。

戦中戦後、酒の極度に不足した時代があって、配給の酒だけでは足りない。浅村夫人は苦心惨憺、集荷に努力したのはいうまでもない。緒方家でも「これは浅村さんのため」といって配給の酒をとっておく。たまに贈り物の酒があると夫人は浅村のためにとっておいた。緒方も「そうしてやるといい」と言う。浅村が一升瓶を宝物のように抱いて緒方家を出て行く姿があった。

緒方が小磯内閣の国務大臣・情報局総裁となると、浅村もこれに従って総裁秘書となった。国務大臣秘書官は二人いた。一人は朝日新聞政治部記者の中村正吾、もう一人はのち代議士・労働大臣になる長谷川峻。緒方は浅村をどちらかの秘書官にさせたかったらしいが、浅村は「秘書官は若い者でなければいかぬ」と固辞した（浅村は緒方より年長）。浅村は終始若い秘書官を立てていた。

公職追放中の緒方は職もなく生活に窮したが（高宮によると朝日の退職金は「ワンサとたかって来る金貰いにむしり取られていた」由である）、追放解除になり政治家として立つようになると、浅村の喜びは大変なもので、「緒方さんが政治家になれば必ず総理大臣になるから、そのときは僕も首相官邸の守衛になって緒方さんの世話をする」と言っていた。浅村の学校同期の者で政界・官界に入った者はとうに大臣になっている。「自分も大臣に」と言っていいところをこの男は「守衛になって緒方さんの世話をする」と言うのである。

昭和二十七年（一九五二）、緒方が吉田首相の特使として東南アジアへ出発したとき、浅村は病気で慶応病院に入院した。癌であった。出発のとき緒方は「浅村君、ゆっくり養生し給え。君の療養費はできたよ、どんなに長く入院していても大丈夫だ」と言った。『人間中野正剛』の印税が入ったというのである。浅村の頬を一筋の涙が伝わった。

病床にあった浅村は、緒方の行動を報ずる新聞記事を切り抜いてスクラップに貼るのを日課とした。緒方が六月十日に帰国するという通知があった頃にはもはや薬餌《やくじ》も喉《のど》を通らなくなっていた。そこに古島一雄の死であった。それからは「緒方さんはまだか」とうわ言のように言いつづけた。

羽田飛行場に降り立った緒方は、車を一路慶応病院に向わせた。「浅村君、帰ったぞ。もう大丈夫だ、気を落ちつけてしっかり療養するんだぞ」蒲団の中で手を握ると、あのがっちりした手が骨と皮だけに痩せている。「また来るからね」と言えば浅村は唇を動かしている。耳を近づけると「ありがとう、ありがとう」を繰り返している。

緒方はそれから毎日訪問したが、死期は迫って、もう言葉を交す力もなく、うつろな目で凝視して、涙が頬を伝わるだけであった。浅村は悟り切った禅僧のような大往生を遂げた。葬儀万端、緒方が取りしきってすませた。死後、緒方は「浅村君のような心の修練のできた人物は見たことがない。山岡鉄舟の最後も立派だったというが、浅村君の生死に対する悟りは鉄舟に近いのではないかと思う」と語った。緒方と秘書の美しい交友である。

第七章　東久邇内閣の五十日

終戦処理内閣の書記官長

小磯内閣末期の昭和二十年（一九四五）二月、内大臣木戸幸一の計らいで重臣が個別に昭和天皇に意見を申し上げることになった。この中で近衛文麿が率直に「敗戦は最早必至と存じ候」とし、「国体護持の立場より最も憂ふべきは、敗戦よりも敗戦に伴うて起ることあるべき共産革命に候」と、軍の統制派のいわゆる革新運動とこれを利用した新官僚の一味、これを背後から支える左翼分子の暗躍がもっとも恐るべき敵であるとした。

近衛は終始軍内部の皇道派をひいきにしたが、これに敵対する統制派を最も恐れた。「戦争終結に対する最大の障害は、満州事変以来、今日の事態にまで時局を推進し来りし軍部内のかの一味の存在なりと存じ候」と共産主義に対する恐怖心を天皇に訴えている。近衛にとって統制派は共産革命の本家に映った。

三月十日の東京下町大空襲をはじめ、B29による大規模空襲が始まり、四月一日、アメリカ軍は沖縄本島に上陸した。五日、小磯内閣が総辞職する。重臣会議は後継首班の議論をする。東条、平沼騏一郎は抗戦論である。若槻礼次郎、近衛、岡田啓介は和平論を言い出すことを躊躇した。そういう空気ではない。木戸内大臣が鈴木貫太郎枢密院議長の名をあげて強く推挙した。それによって、四月七日、鈴木内閣が成立した。鈴木は七十九歳、「今日はどこまでも戦い抜かねばならない」というような首相談話を発表したが、「和の機をつかむように」との天皇の思召《おぼしめ》しを実行するつもりであった。

終戦の機をつかむことを首相は至上の使命と考えていたが、それを言い出せば抗戦派から殺されたであろう。近衛の秘書細川護貞の日記五月二十四日に「鈴木首相はやはり和を考へて、而して強硬論を唱へ居る也」とある。四月二十八日伊のムソリーニ銃殺、独のヒトラー三十日自殺。五月中旬、最高戦争指導会議構成員の会議では、ソ連に講和の仲介を依頼する目的をもって対ソ工作をすすめるという極秘決定がなされた。しかし六月八日の最高戦争指導会議は、「国体護持と皇土保全のための徹底抗戦」を決めた。内閣はこれで終戦の名目ができると解釈し、軍部は徹底抗戦の趣旨とみなした。

同日、木戸内府が秘かに起草した「時局対策試案」には、本年度下半期以後には戦争遂行能力をほとんど喪失するから、「極めて異例にして且つ誠に畏れ多きことにて恐懼の至りなれども、下万民の為め、天皇陛下の御勇断を御願ひ申上げ、左の方針〔天皇陛下の御親書を奉じて仲介国(ソ連)と交渉す〕により戦局の拾収に邁進するの外なしと信ず」と述べている。

六月十三日、木戸は決心して動き出した。首相と東郷外相、米内海相は終戦に賛成である。阿南陸相は「海相が同意すれば」の条件で不承不承同意した。

昭和天皇は六月二十二日、最高戦争指導会議の構成員を招いて茶話会を催し、「戦争の終結につきても、この際従来の観念にとらわるることなく、速やかに具体的研究を遂げ、これが実現に努力せんことを望む」と述べられ、全員(首、外、陸、海相、参謀総長、軍令部総長)の賛同を得た。これにより政府特使として近衛文麿をソ連に派遣し、米英との仲介を頼もうとするが、ソ連は事実上これを拒否。逆に七月二十七日、米英中三国首脳によるポツダム宣言が発せられた。

八月六日の広島への原爆投下、八日のソ連の対日宣戦布告、九日の長崎への原爆投下の中、二度の聖断によりポツダム宣言を受諾、八月十四日深夜、終戦の詔書が発出された。十五日、鈴木内閣は総辞職した。

重臣が招集されることなく、木戸内大臣が天皇の下命により、平沼枢密院議長と協議して、後継首班に東久邇宮稔彦《なるひこ》王を推挙した。前日、宮に対して、松平内大臣秘書官長から打診があった。

「軍部を抑えて行ける自信のある人が重臣の中にはいないので、この難局にあたって総理の大任を受ける人はいません」というのがその理由である。

「私は政治家ではない。また皇族で軍人という関係で、政治に干与することを禁じられているから、政治に関してはなんらの経験もない。私は皇族は政治に関与しない方がよいと考えている」

(『東久邇日記』)

翌十五日、陛下の御内意として後継首班は東久邇宮と伝えられる。翌十六日朝、侍従職から「天皇陛下のお召しです。午前九時半に宮中に参内するように」と電話があった。宮は防空壕から軍装一揃いを出して着替え、参内した。

木戸内大臣から詳しい説明があり、アメリカは一日も早くわが政府代表の連絡使節をマニラに送るように言ってきているので、すみやかに新内閣の成立が必要であるという。宮は組閣を承諾し、吹上御苑の御文庫に行き、天皇に拝謁した。

「卿に内閣組織を命ず。帝国憲法を尊重し、詔書（終戦の詔書）を基とし、軍の統制、秩序の維持に努め、時局の収拾に努力せよ」

宮は「しばしの御猶予を」とお答えして退出した。

宮の見るところ、陛下は連日の御心配でおやつれになったようで、大変気の毒に思った。

木戸内大臣と石渡宮内大臣を相手にさっそく組閣の相談をした。「内閣書記官長に緒方竹虎を予定しているので、すみやかに招致してもらいたい」と宮は第一に言った。

「緒方は公正、穏健なる新聞人として知られ、私は以前から乗馬関係で知合いとなり、日支和平問題その他、時局問題を話し合った仲だ」（『東久邇日記』）

宮の緒方に対する信任は厚かった。

緒方は八月十五日の終戦の詔の放送を、和泉多摩川の中野正剛の別邸で聴いた。五月、空襲で百人町の自宅を焼かれ、中野の息達彦のすすめで転居したのである。ラジオは続けて、緒方が貴族院議員に推薦されたと報じた。こんな時期に勅選議員になるのはまずいと思い、これを辞職するとともに、鈴木内閣の顧問となっていたのも辞する考えで、翌十六日朝九時ごろ家を出て、小田急線で新宿に出、首相官邸に向かった。

新宿駅のホームでは、若い陸軍の将校が大きな軍刀をさげ、頭に鉢巻をし、腕に日の丸の腕章をつけて闊歩《かっぽ》しているのを見て、軍の反乱が始まるのじゃないかという予感がした。果たして、十時半ごろ首相官邸に着いてみると、玄関に焼け跡があり、ここを襲った集団は鈴木首相と平沼枢府議長の自邸を焼いたのだという。首相は目下行方不明だというが、緒方は官邸で待つことにした。

そこへ朝日新聞の中村正吾が現れて、

「今朝十時ごろから、内大臣府からたびたび電話で、緒方君の居所が判らないが、判り次第、宮中に来るようにとのことでした」

とのことである。緒方はすぐに朝日差し回しの車で宮中へ急いだ。直感的に、東久邇宮に大命降下とわかった。

内大臣府に行くと宮が待っていて、緒方の顔を見るなり、「すでに五時間君を探した」と多分に焦燥気味であった。今朝参内して大命を受けたこと、「ついては君は国務大臣兼内閣書記官長として、近衛と相談して万事やってもらいたい。近衛も小田原に行っていたのを呼びもどし、少し前に来てくれたところだ。組閣事務所が必要だと思って、赤坂離宮を拝借しておいた」と否応はない。じつは緒方は春以来、健康が思わしくないので、十分にお助けできるかどうか心配だったのだが、そんなことは言っておれない成り行きだった。

「陛下がお急ぎだから今日中に組閣を完了したい」と言うので、赤坂離宮に入り、宮内省から来た人たちを使って、階上に宮の接見室と控え室、階下に事務室と新聞記者室を設けたが、電話が一本しかない。離宮も荒れていて、庭園は菜園になっている有様だった。

陸軍から自動車を運転手付きで五台借り、それをフルに使って入閣交渉をする。ふつう組閣本部は自薦他薦の大臣病患者が密集するのだが、幸いに離宮には訪問者はなく、緒方は電話帳を頼りに、中村正吾と近衛の秘書の細川護貞を使って入閣交渉をした。

マッカーサー司令部と内閣の混乱

宮と近衛が加わって組閣が進められ、まず米内海相の留任がきまった。陸軍は土肥原教育総監を推してきたが、宮がこれを却けて宮の兼任とし、のちに北支から宮の幼年学校以来の同級で気心の知れた下村大将を呼んで任じた。外相には有田八郎を指名したが辞退し、近衛の推挙で重光葵の起用となった。治安にあたる内務大臣にはベテランの山崎巌、文部大臣には緒方の朝日での同僚前田多門が起用され、十七日朝には宮は閣員名簿を提出することができた。緒方としては軍の反乱がもっとも懸念されるので、国務大臣として陸軍中将小畑敏四郎の入閣を求め、石原莞爾を内閣顧問に考え、海軍少将高木惣吉を内閣副書記官長に起用するなど、気を配った。

マニラにあったマッカーサー司令部からは降伏手続打ち合わせのため至急軍使を派遣するよう求めてきており、十九日に参謀次長河辺虎四郎を首席とする全権団がマニラに送られた。一行は二十日に帰京する予定であったが、予定の時間になっても帰着しない。事故にでも遭ったのではないか、厚木の飛行場でまだ武装解除をしないでいる小園部隊にやられたのではないかなど、宮は心配で、首相官邸で軍服を着たままソファに横になるなど、終夜まんじりともしなかった。

二十一日未明になって、問題の飛行機が天龍川の河口からすこし上の方に不時着していることが判って、一同ホッとしたのである。同機はエンジン故障のため不時着することになったが、万一海に墜落することも考えて、いちばん体の頑強な者に降伏文書を託することとなり、パリ・オリンピックに陸上の長距離選手として出場したことのある外務省総務局長の岡崎勝男（のち吉田内閣外務大臣）がこの役目を引き受けさせられた。

岡崎は墜落したとき真っ先に出られるようにドアのところにいたものだから、不時着のとき頭に負傷して、白い繃帯を巻いて帰京した。東京周辺はまだ不穏な情況である。河辺全権のもたらした情報によると、米軍先遣隊は八月二十六日に厚木と鹿島飛行場に到着し、海上部隊が東京湾に進入するという。マッカーサーは二十八日厚木飛行場に到着の予定である。厚木飛行場の反乱は高松宮の差遣で鎮定した。

東久邇日記八月二十四日「まったく毎日毎日、剣の刃渡りをしている気持である」。天候で遅れ、マッカーサーは八月三十日厚木着、横浜ニューグランドホテルに入り、総司令部を横浜税関に置いた。

東京湾上には米戦艦ミズーリ号をはじめ、連合国の艦船が威圧するように浮かんでいる。降伏調印式は二百十日の海の荒れで延び、九月二日に行われることになった。調印式の全権の人選は揉めた。重光外相は近衛国務相がふさわしいと言う。近衛は総理宮こそ適任という。重光の手記によると、総理宮は高松宮が適任と言い、天皇の意向を伺うことになった。さらに軍を代表する梅津参謀総長は、自分が代表に選ばれるようなことになれば、それは「お前は死ね」といわれるにひとしいと避けた。選ばれたら自決するぞと言うのである。

ところが東久邇日記によると「私は近衛、木戸、緒方三大臣と相談して、重光、梅津を代表とすることにし、天皇陛下のお許しを経て、終戦処理委員会で発表し、三十一日の閣議で決定してしまった」となっている。

九月二日朝、重光・梅津の両全権はミズーリ号に至り、歴史的な降伏文書に署名した。重光は命を賭す思いの短歌を残している。「ながらへて甲斐ある命今日はしもしこの御楯と我ならましを」。だが、当時の庶民の感覚とは違うようである。徳川夢声の日記によると、降伏調印式の日、東京上空を無数の米軍機が飛んだ。威圧のためだろうが壮観だったので、子供らを呼んで二階で眺めた。

しかも「新宿はどの劇場も満員、殊に『太閤記』を上映している帝都座の入りは大変らしい。角を曲って一丁ぐらい列が続いている。私の出演している松竹館も、三階まで人が詰まった。……観客は殆んど全部、若い男である。落語を聴き、私の漫談を聴いて、朗らかに笑っている」と庶民は終戦直後から平和を楽しんでいる姿を伝えている。

しかし内閣は危機を孕《はら》んでいた。その第一は終戦連絡事務局。これは内閣とマッカーサー司令部（総司令部・GHQ）との連絡にあたる最重要ポストだが、重光外相の主張で外務省に置き、岡崎勝男が終戦連絡中央事務局長官となっていた。ところが宮によると「その仕事振りがあまりに官僚式で、事務が進行せず、後手後手になって、各省および民間からも、その無能について不満の声が高かったので、これを内閣直属として、民間人を入れて改革しようとした。……重光はこの改革案に反対して外務大臣を辞任するといった」と記している。

重光の手記によると、宮も近衛も個人としてマッカーサーに会いたがった。外交（マ司令部との折衝）は、自分に任せてほしいと考える重光はこうしたことを不快に思い、かつ東久邇内閣の閣僚がいかにも古く、新時代の要求に適さないと考えていたので、宮に、自分をも含めた大改造を進言した。

宮は近衛、緒方、木戸と相談した結果、重光に辞めてもらい、後任には緒方の推薦で吉田茂前駐英大使を起用することとした。緒方と重光は小磯内閣で繆斌をめぐって対立した仲であり、宮は緒方の案を採用したわけである。

吉田外相起用については、あれは俺の案だ、と言っている男がいる。政治評論家の岩淵辰雄《いわぶちたつお》である。近衛に「重光を切って吉田に替えよ」と迫って実現させたと言っている。吉田茂は『回想十年』で近衛邸で近衛、小畑敏四郎と三人で飲んで外相の話が出たとしており、岩淵の名は出て来ない。

近衛邸で秘蔵のブランデーをしたたかに御馳走になり、戦時のことだからめったに年代もののブランデーを飲むなどという機会にめぐまれず、おまけに帰りには一本土産にも貰って吉田は上機嫌であり、東京駅までは車で送ってもらったが、汽車では瓶を抱いたまま眠りこけ、終点の熱海まで来てしまった。汽車は終りで、駅の待合室で夜を明かし、帰りの汽車賃の無いことに気づいて、朝早くから、熱海に疎開している植原悦二郎を思い出して訪ね、朝食と汽車賃をねだり、大磯まで帰り着いたという話がある。もちろん本人はそんな話はしない。

宮から吉田起用を話された緒方は、自分の車に首相秘書官の館林三喜男をのせ、大磯の吉田の私邸に急行させた。「宮様が至急に用がある。モーニングを持って出京せよ」とのメッセージを受けた吉田は直ちに上京、首相官邸で緒方と会見、外相就任を懇請された。緒方は吉田が田中義一内閣の外務次官をしているときからの知り合いである。再び会ったことが、のちの緒方と吉田の結びつきにつながる。

午後十時、宮中で親任式が行われる。ところが吉田はモーニング用の靴を持ってきていない。「靴はどうした」と緒方が訊くと、「君は靴まで持って来いとは言わなかったじゃないか」と言う。結局吉田は事務官から借りた大きな靴で、ボコボコ音を立てながら親任式に列することとなった。

天皇、マ元帥を訪問

二十年九月八日、米軍が初めてジープで東京に進駐した。九月十七日、マッカーサー司令部も横浜から東京に移転し、日比谷の第一生命ビルに入った。ここが日本支配の本山GHQとして二十七年四月まで日本を統治することになる。

マッカーサーが東京に移ってすぐ、GHQの中には、天皇を総司令部に呼びつけて権威を見せつけてはどうかという意見があった。マッカーサーは言った。「そうすれば日本人の心を逆なでにし、天皇を殉教者にみせることになろう。私は呼ばないで待とう。そのうち天皇がみずから進んで会いにくるだろう」。

日本の政府部内でも、マッカーサーが東京に来た以上、天皇が挨拶に行くべきではないかという意見があった。しかし、いったいマ元帥は天皇制に対してどんな考えをもっているのか、全く不明であった。下手に言い出して、アメリカ側から、会見の必要はないとか、天皇を認めないとか言われたら取り返しがつかない。

緒方はあるとき、近衛、吉田と三人で食事をして、この話を持ち出したところ、吉田が「それなら、自分は近くマッカーサーに会う用があるから、そのときに軽くマッカーサーに聞いてみよう。天皇制に対してどういう考えをもっているか、打診してみよう」と言う。一両日後、吉田がマッカーサーに会う際、用件が済んでから、「元帥は天皇に会うことについて興味がおありでしょうか」と軽く質問した。マッカーサーは「自分は訪問を受ければいつでも会う。今度の日本占領については、天皇の協力が非常に大きくて、それによって無事に進駐することができた」と答えた。

これによって、九月二十七日、天皇のマッカーサー訪問となる。

ところが、マッカーサーの高級副官フェラーズ准将の話では、最初、外務省の参事官がフェラーズに「天皇が元帥に会いたがっている」というので元帥に取り次いだところ、「よかろう、会おう」と言ったというし、マ元帥の方で、第一生命ビルは人目につくから、赤坂のアメリカ大使館を会見場所にしたと言っている。（『マッカーサーの日本』）

天皇とマ元帥の会見は赤坂のアメリカ大使館で行われた。会見には通訳として外務省参事官奥村勝蔵が同席しただけだった。この会見について奥村はいっさい語らず、宮内省（当時）関係の者がのちに回想する。当時の侍従長藤田尚徳の『侍従長の回想』によれば、奥村は後日会見の模様をまとめた文書を藤田のもとに届けたが、これは天皇が御覧になったままお手許に留められたという。藤田は記憶で記す。天皇はマ元帥にこう話した。

「敗戦に至った戦争のいろいろの責任が追及されているが、責任はすべて私にある。文武百官は私の任命する所だから、彼等には責任はない。私の一身はどうなろうと構わない。私はあなたにお任せする。この上はどうか国民が生活に困らぬよう、連合国の援助をお願いしたい」

一身を捨てて国民を助けたいという天皇の言葉は、マ元帥をつよく感動させた。彼は言った。

「かつて、戦い敗れた元首で、このような言葉を述べられたことは、世界の歴史にも前例のないことと思う。私は陛下に感謝申したい。占領軍の進駐が事なく終わったのも、日本軍の復員が順調に進行しているのも、これすべて陛下のお力添えである」

この会見でマ元帥の態度ががらりと変わったということがさまざまな人から言われた。『マッカーサー回想録』にも、天皇の言葉がほぼ同じように記されていて、

「私は大きい感動に揺すぶられた」「私はその瞬間、私の前にいる天皇が、個人の資格においても日本の最上の紳士であることを感じとったのである」

と感動の言葉を述べている。

だが、会見の内容など知らない国民は、九月二十九日の新聞一面トップに掲載された写真につよい衝撃を受けた。それは総司令部から各新聞社に配布されたものだが、モーニング姿で直立する小柄な天皇の横に、開襟の夏軍服の腰に手をあてて悠然とあるいは傲然《ごうぜん》と構えているマッカーサーの姿である。山崎内相はすぐに新聞を発行停止処分にしたが、総司令部は処分撤回を指令した。

米軍の進駐を迎えることは東久邇内閣の大きな問題であったが、それとともに内閣が当面するのは議会の解散と憲法改正問題であった。

終戦当時の議会は昭和十七年のいわゆる翼賛選挙で選ばれた議員によって構成されているから、できるだけ早く議会を解散して、総選挙を行わねばならない。

ところが実際には議会は解散をしたがらないし、選挙人名簿をつくるだけでも、戦災や疎開やで容易なことではない。

憲法については首相も近衛、緒方も、敗戦という未曾有の事態に遭遇して、革命的な変革を望む空気が高まるに違いないと予想し、これに備えるため憲法の問題点を検討し、どうすべきかの腹案を得ておきたいと考えた。あたかも前駐日大使グルーがマッカーサーの顧問として来日するという噂もあったので、緒方はグルーと親しい間柄にあった東大の高木八尺《やさか》教授の助力を仰ぐこととし、軽井沢から同教授を招いたところ、同教授から、南原繁教授の意見も聴いてほしいとの希望であったので、両教授の意見を聴くこととした。

両教授の意見は、要するに天皇政治の建前を変更する必要はない、天皇政治の建前のままでポツダム宣言の要求する民主主義の復興はなし得るというものであった。緒方はこの意見を踏まえ、両教授を中心に、場合によっては佐々木惣一博士らの参加をも求めて、憲法改正に関する調査に着手しようと考えた。

しかしその前に、憲法運営の中心となるべき議会制度の検討が必要と考え、九月二十八日、議会制度審議会の設置を決定、十月四日その委員を任命、発表した。総裁は東久邇宮、委員には政府側から緒方、村瀬直養《なおかい》法制局長官ら、貴族院から松本蒸治、古島一雄ら一二名、衆議院から芦田均、河上丈太郎ら一二名、学識経験者として高木八尺、佐々木惣一、高橋雄豺、藤山愛一郎、小汀利得、佐々弘雄ら一三名が選ばれたほか、山際正道、関屋貞三郎、宮沢俊義、蠟山正道、伊藤正徳ら各界の有識者一四名が臨時委員に任命された。審議会の初会合は十月八日に予定されていたが、皮肉にも委員任命発表の翌日、内閣は総辞職した。

「総理、抗議のため総辞職を」

東久邇宮首相は九月二十九日、マッカーサー元帥を訪ね、二回目の会談を行った。その中で宮は「私の内閣の政策に対して不満の点があれば言って下さい。また大臣のうち不適当と考えられる人があれば言って下さい。いつでも変えます」と言ったが、マ元帥は「今の内閣の政策は連合国側としても満足しています」と答え、宮が「近く議会を解散して総選挙を行いたい」旨話すと元帥は「よろしい」と答えた。宮はまた政治犯を釈放するとも言った。

ところが、十月三日、内務大臣山崎巌はロイター通信特派員に対し、「思想取締の秘密警察は現在なお活動を続けており、反皇室的宣伝を行う共産主義者は容赦なく逮捕する」「天皇制廃止を主張するものはすべて共産主義者と考え、治安維持法によって逮捕される」と語った。

これらの情報はただちに総司令部に通じた。四日午後六時、総司令部から寝耳に水の指令が発表された。「一、政治犯人の即時釈放、二、思想警察の全廃、三、内相及び警察首脳の罷免、四、一切の弾圧法規の撤廃」等である。

東久邇宮首相は同日午後七時頃、これらのことを緒方書記官長から聞いた。

緒方の説明によれば、総司令部は政府に対し、山崎内務大臣をはじめ内務関係の首脳者、道府県の警察部長、特高関係者全部、合計約四千名の免職、政治および思想全犯人の釈放を要求して来たとのことである。私は緒方と、この際、内閣はどうすべきかについて相談した。（『東久邇日記』）

政治犯の釈放や思想警察の廃止は、内閣の課題であったからさほど驚くにあたらなかったが、山崎内相の罷免要求は日本政府として承服しがたいと緒方は考えた。宮も記述している。「マッカーサー元帥は先日私との会見で、大臣を替える必要はないといったのに、数日後の今日この指令を出したのは元帥がこの内閣を信用しないからであろう」。

緒方は言った。

「無条件降伏をして占領されている以上、この指令を拒否することはできませんが、これを承服したのでは、政府の威信は地をはらう結果となり、占領政策も円満には行われないでありましょう。従って、承服できないという消極的な意思表示の意味で、内閣総辞職しましょう」

宮は即座に答えた。

「その通りだ。これを御無理ごもっともと聞いていては、今後の日本政府はあれども無きがごときものになってしまう。総辞職した方がよかろう」

東久邇内閣は総辞職することに決した。

山崎内相罷免の指令の出た同じ十月四日、近衛国務相は夕刻五時、総司令部を訪ねてマ元帥と会見した。近衛の申し入れである。真意は、自身が戦犯に指名されるかどうかを探ろうとしたともいわれる。

近衛の赤化防止や財閥・封建勢力温存の意見に対して、マ元帥は「公はいわゆる封建勢力の出身ではあるが、コスモポリタンで世界の情勢にも通じておられる。また公はまだお若い。敢然として指導の陣頭に立たれよ」と激励した。近衛が「政府と議会につき何か御意見・御指示があれば承りたい」と言ったのに対し、マ元帥が「憲法は改正を要する」と答えた。

近衛は自分がマ元帥から憲法改正のリーダーたれと言われたと信じ（通訳の奥村参事官の誤訳があったらしく、本人ものちにそれを認めた。「政治機構の改正」を「憲法改正」と訳したらしい）、すっかり活気づいた。「公はマ元帥に会って、日本の民主化をリードしろといわれてすっかり朗らかになったのです」（近衛の秘書牛場友彦談）。

近衛が帰ったあとから、追っかけるように、山崎内相罷免、秘密警察の全廃等の指令が発せられたのである。

戦犯・公職追放の試練

東久邇内閣は五十日間の短命内閣であった。しかしその五十日は、日本の歴史上かつてなかった敗戦、連合軍による国土占領、六十余年に及んだ帝国陸海軍の解体という難事の中で新日本建設の基礎を固めるという困難な事業の五十日であった。

その内閣の中核であった緒方は、心身を消耗しつくして、和泉多摩川の中野邸に籠ることになる。緒方とは小学校同窓で年来の親交を結んでいた元日魯漁業社長の真藤慎太郎は振りかえる。

「（書記官長）就任当時の緒方君は、僅々三ヵ月にして、形容枯槁《ここう》、顔色は冴えず、頬の肉は落ち、これが昔日の緒方君と同人であろうかと疑ったほどである。それほどの困難に遭いながら、彼は私にすら一度も愚痴をこぼさなかった。自分こそは、日本を背負って立っている第一人者だと思っていたのである」（修猷通信編『緒方竹虎』）。

朝日の後輩で同郷の高宮太平も記す。「血尿が出るのでひそかに薬を飲みながら、人前では疲れたという顔は一度も見せなかった」「東久邇宮もよく頑張られた。皇族といえば雲上人として扱われていた時代である。その皇族が軍服のまま長椅子に横たわって一夜を過ごされる」（『人間緒方竹虎』）。形容枯槁はかたちのやせ衰える様をいう。しかし真藤の言うように、当人は「日本を背負って立っている」という自負があった。

このあと福岡に帰ってきた緒方から、次兄大象の息で当時医学生だった甥の道彦は、「日本の葬式を出してきた」という言葉を聞いている。実感であろう。

緒方の母は緒方の内閣在任中に亡くなった。内閣総辞職のあと、福岡で葬式を出すことになり、緒方は真藤とともに米軍の飛行機に便乗して芦屋の飛行場に着き、そこから二人で戦災でやられた福岡市に入った。真藤の知った旅館に入って、「久しぶりに寛ごうや」と晩飯を食っていると、電話がかかり、朝日の福岡支局からだという。

真藤が出てみると、

「緒方さんは戦犯に指名されました。不日、巣鴨拘置所に収容されねばならぬことになりました」

という。緒方に替わってもらうと、しごく簡単に応答してすぐ席に戻ってきた。まるで友人からの電話ででもあるかのように落ち着いているので、真藤の方がこれには参った。

緒方の戦犯問題は東久邇内閣のときに持ち上っていた。このときは外相重光葵が総司令部から三〇名の戦犯リストを受け取った。それを見ると、死んだ内田良平や中野正剛の名があり、さらには重臣広田弘毅と現閣僚緒方の名がある。重光は直ちに横浜のマ司令部に出向いて、サザーランド参謀長にかけ合い、重臣と現閣僚の名の撤回を求め、相手も納得したといういきさつがある。玄洋社を「ドラゴン・ソサエティ」と見てかと、重光は手記に書いている。

東京に帰った緒方は誰の目にも、収容所生活は無理だろうと映った。周囲のすすめで権威ある医師に診てもらうと、かなり疲労していることがわかった。そこで米軍軍医の来診となり、自宅療養が許された。

十二月二十日、麻布広尾町に転居した。新居は有栖川公園に近く、閑静な場所であったが、公園の樹木のために階下は陽当たりが悪く、二階の八畳二間を病室・応接間・書斎とした。緒方はようやく閑居を得たわけで、以後たびたび「これ以後はすべて余生だ」を口にする。ここは桂首相の愛妾お鯉の妾宅だったという。緒方の出頭予定日だった十二月十六日には近衛文麿が服毒自殺した。

昭和二十二年になると病状もだいぶ回復してきて、米軍二世が調べに来たりしたが、健康が回復してくると、GHQに出頭を命じられ、緒方は中村正吾を伴って出頭したが、戦犯に対するものではなく、戦争に至った日本の政治史を訊ねるといった風で、緒方は近衛新体制や三国同盟について説明した。読書と知人との歓談のほか、書と囲碁に凝るようになった。碁は元秘書の浅村成功に五目置いたが、浅村が手加減をしないと、「浅村君は意地の悪い手を打つ」とこぼした。碁風も人格同様、鷹揚なもので、局部に拘泥しない。

真藤慎太郎とはよい碁仇で、時には呉清源、木谷実といった横綱を交えて、四人で継碁も打っていたが、横綱もこの新進碁客の天衣無縫の打着点にはかなり閉口していたらしい。「巣鴨に行ったら字をうまくなって帰ってくる」と言っていたが、蟄居閉門の身となると、古島一雄が呉れた中国の法帖百巻を引き出してじっと眺め、空に指で書いた。「結構稽古になるんだ」と親しい人には言っていた。二十二年になると筆や墨も揃い、人にも揮毫してやるようにもなる。当時は陶淵明の帰去来からとった文句が多かった。緒方の書は政治家としては犬養木堂と双璧だといわれた。

緒方は二十一年八月、公職追放の指名を受けた。政治活動を禁じられたのである。

朝日新聞社の紛争解決

緒方が公職追放となり、閉門蟄居の生活を送ることになったころ、朝日新聞は重大な局面に遭遇していた。戦争責任問題をめぐる紛争である。

朝日新聞は(どの新聞でもそうであったが)敗戦という新事態に対応するため、新聞はどうあるべきかについて論議を重ねていたが、十月十五日、村山社長は紙面の内容を新事態に対応するため急速に転換することを考え、そのための思い切った人事の刷新を内示した。

即ち、編集総長千葉雄次郎、東京本社編集局長細川隆元、論説主幹佐々弘雄、嘉治隆一を退け、出版総局長鈴木文四郎を主筆兼編集担当重役に、北野吉内を東京本社編集局長に任命することであった。

ところが、右の千葉、細川、嘉治は留任を求められている大阪本社編集局長香月保、西部本社編集局長白川威海とともに、これまでの朝日が戦争に協力してきたことに鑑み、敗戦とともに急に迎合的に論調を変えることはできないとの立場をとっていて、村山社長の内示に反発し、村山社長に対し、戦争責任を明らかにする意味から自分らは退陣するが、それ以上に責任の重い村山社長ならびに上野精一会長と全重役は残るべきではないと主張した。

これに対し村山社長は六名の者に退社を求めたが、幹部の戦争責任を追及する声は次第に社内に拡大して行き、部局長クラスから社員大会の範囲にまで拡がるに至った。このような情勢に直面して、村山社長は十月十九日辞意を表明したが、他の重役の退陣が決まらず、異動原案の強行やらで事態はますます紛糾、収拾し難い状況となったため、役員会は社の先輩である緒方、美土路の二人に調停を依頼することとなった。

緒方と美土路は役員会にも出席して、騒動の火元であった幹部たちと会談し、社員側の動向も聴取した。その結果、緒方らは村山社長に対し、人事異動の原案の撤回と幹部の退陣を求めることとなった。十月二十二日の役員会では右の調停案を受け入れ、社長以下全重役、編集総長、編集局長はじめ各局長、論説二主幹は退陣し、村山社長、上野会長は新設の社主となることとした。

株主総会では定款が改正され、緒方の多年の主張であった資本と経営の分離はここに於てはじめて明文化することになった。

第八章　激動の戦後政局の中で

公職追放、雌伏六年の自省

緒方の戦犯指名には小磯戦時内閣の国務大臣とともに、翼賛壮年団の団長をしていたことが挙げられる。翼賛壮年団というのは大政翼賛会の外部団体で、小磯内閣のときは元駐ソ大使建川美次中将が団長で、中央本部長が橋本欣五郎であった。橋本は三月事件や二・二六事件にかかわった革新派軍人であったが、退役後は多くの青年を集めて赤誠会を主宰した。この橋本が事実上、翼壮団を牛耳っていた。そこへ、翼壮団を赤誠会化する橋本や、橋本に操られる建川に非難が集まり、建川を起用した小磯に公私混同人事の非難が向けられた。

　これをかわすために小磯は緒方を翼壮団長に据えたといえる。緒方は就任の訓示で「翼壮は翼賛会総裁統理の下、翼賛運動に挺身するものであって、政治団体ではない」と明言した。建川・橋本らと一線を画したのである。これが政治色に染みた者の反発を受けた。

　昭和二十年二月二十四日、翼壮の全国団長会議の席上、議長席の緒方に後方から見知らぬ者が何か書き物を渡そうとした。緒方が振り向いた途端、その者が左後方からぶつかってきた。咄嗟に緒方は体を右によじった。男はどっと前にのめった。その手には短刀が握られていた。緒方の背後にいた者が犯人に飛びかかり、憲兵、警察が取り押さえた。緒方は上着の塵をぱッぱッと払い、落ち着いて議長席に坐ったので、一時騒然となった会場も静まって、緒方が平静な声で「会議を続けます」と言うと、それまで反緒方の色の強かった府県の翼壮団長も、度肝《どぎも》を抜かれて議事に協力したという。犯人は橋本の赤誠会員、朝鮮半島出身者であった。緒方が翼壮を潰しに来たと誰かに教えられ、それを信じていたらしい。それにしても、右翼の政治テロは、そそのかされて単純に信じ込んで行うケースが多い。原敬の場合にも、浜口雄幸の場合もそうであった。

　緒方はこれで三度、命を狙われる場面に遭遇した。大正十四年の帝国ホテルでの右翼暴漢の襲撃、二・二六事件、そしてこれである。

　昭和二十二年九月、戦犯容疑は解除されたが、公職追放の方は二十六年八月まで待たねばならない。それまで、雌伏の生活である。むろん、悠々自適などという余裕はない。当時はやった筍《たけのこ》生活である。筍が成長するときのように、皮を一枚一枚脱いで行く売り食いである。着物であったり、古書であったり、書画骨董であったりした。末子の四十郎が奨学《しょうがく》資金を得るために、家計の状況を申告するとき、「極貧というにはあらざれども、一家一銭の収入もなし」と書いた。当時の状況、推して知るべしである。

そんな中でも、国務大臣秘書官をしていた朝日の中村正吾が東京裁判関係の情報をたびたび持ってきて、知識を補ってくれた。また緒方の不聊《ぶりょう》を慰めてやろうと、真藤が出光興産の出光佐三（福岡）や米内光政とともに新橋の料亭山口に招いたことがある。緒方の名を出すわけにいかないので、真藤がふと思いついて、朝日の田畑政治の名を借りて田畑男爵としてその晩は通した。あとで名義借用料を返済するということで、出光が麻布の家に鮨屋《すしや》を呼んで田畑に思いきり食べさせたというエピソードがある。すしなどまだ庶民の口には入らぬ時代である。

麻布広尾町での蟄居生活の心境について書いたものが残っている。何としても敗戦の追憶が生々しい。それも敗戦への責任感である。戦時の閣僚としてのそれではない。新聞人としてのそれである。

マッカーサー司令部のインボデン少佐が「日本新聞報」に語っていた。「もしあの当時の新聞が、この動き（戦争への）は熟慮され、論議されるべきだと勇敢に言張つたならば、戦争に飢えた東条が、日本を引張り込んで、挑戦されないのに卑怯にも合衆国を攻撃させるやうなことを敢てしなかつたであろう」と。こんなことはインボデン少佐とやらに教えられるまでもない、全くその通りに違いない。例えば日独伊三国同盟が調印されたとき、日本の新聞幹部の大多数は、これに反対だったであろうと緒方は考えた。

然し如何なる国内情勢があつたにせよ、日本国中一つの新聞すらも、腹に反対を懐きながら筆に反対を唱へなかつたのは、そも〳〵如何なる悲惨事であつたか。それは誰に向つて言ふのでもない。日本一の新聞の主筆であつただけ、自分は自分を責めねばならぬのである。

戦犯容疑者になったことも、公職追放になったこともさしたることではない。それよりも新聞人としての自己責任をしみじみ反省してみる緒方であった。

それよりも生活の困窮には参った。戦前から緒方家で働いていた女中が郷里の埼玉県に帰って、持てる限りの食糧を持ってきたり、息子たちが買い出しに出たり、客がみやげをいろいろ持参したりするのでどうにか食いつないだ。しかし緒方の朝日の退職金は昭和二十一年（一九四六）三月の緊急金融措置令でそっくり封鎖されたから、現金が使えない。それでも当の緒方は長者のごとく悠然と日を送っていた。

健康も次第に回復し、かつ占領軍の追及もさしてきびしいものでないことがわかると、緒方は半ば公然と外出するようになった。昭和二十一年には静岡へ小旅行を試み、二十二年一月には東久邇稔彦元首相、元朝日の同僚嘉治隆一、太田照彦らと秩父へ旅行して人形芝居を観た。

九月に戦犯容疑を解除されると、かねてから麻布の家が日当りが悪く、骨身にこたえていたので、日当りの良い家を探していたが、五反田の島津山に抵当流れの古めかしい洋館が見つかったので、これを買い入れ二十二年十月、ここに転居した。

公職追放は依然としてつづいている。生計のために友人の計らいでその会社の相談役に就任した。暇は多い。二十四年には東久邇稔彦、嘉治隆一、太田照彦らのメンバーで埼玉、群馬方面へ旅行したし、同年朝日の関口泰、嘉治らと牛相撲見物に越後東山地方へ旅行した。二十五年には珍しくコト夫人同伴で福井地方へ赴き、永平寺に参詣、その夏には長野に小坂順造を訪問するなど、英気を養った。

吉田内閣の誕生

公職追放時代の緒方について忘れてはならないのは、執筆活動である。それも後世に名を残す『一軍人の生涯』『人間中野正剛』であり、緒方が編集した『一老政治家の回想』である。

『一軍人の生涯』は長年親交のあった米内光政の一貫して三国同盟に反対した姿勢を評価し、「私心なく、打算なく、技巧のない」一軍人を追慕した。文中の「堂々たる体軀、その端正な風貌、太い号令、厭味のない挙措《きょそ》」はそのまま緒方のものでもある。

『人間中野正剛』は盟友中野正剛の真面目《しんめんもく》を伝えたものだが、そのファシズム傾倒はきびしく批判している。因みに『人間中野正剛』は昭和二十七年一月の毎日新聞によれば、当時評判のマーク・ゲインの『ニッポン日記』に次いでベストセラー二位に位置づけられた。

古島一雄は緒方の学生時代から尊敬する政治家で、吉田茂が首相になるとその政治指南役となったから、生活費も吉田が面倒を見ていたが、金が入るとみんな使ってしまう性分で、そのため家計は苦しい。それを率直に言えるのは緒方で、緒方はそこで古島に政界懐古談をさせて速記にとり、自ら添削してそれを雑誌「中央公論」に掲載させてもらい、二十六年五月出版に漕ぎつけた。印税は全部古島に入れた。また古島のために湯河原の町野武馬邸で保養できるように取り計らい、送り迎えにもみずから当たった。

その間にも、政局は大きく転換していた。

東久邇内閣のあとはもと外相幣原《しではら》喜重郎が継いでいたが、昭和二十一年四月の総選挙で政治地図はいっぺんに塗りかわった。いわゆる戦前派議員はほとんど公職追放され、当選者の八〇パーセント以上が新人で占められていた。しかも選挙法改正により、婦人議員が三九名進出した。いち早く政党を結成した鳩山一郎の自由党が一四一名を獲得して第一党となった。進歩党九四名、日本社会党九三名、国民協同党一四名、日本共産党五名、諸派無所属一一九名。

鳩山は第一党党首として当然大命降下と思っていたところ、五月四日、参内予定日の早朝、マ司令部から鳩山追放の指令が来た。これについては諸説あるが、マーク・ゲインはじめアメリカの記者たちが鳩山の過去を暴きはじめ（文相として滝川京大教授追放など）、日本の左翼も総司令部に鳩山非難の情報をたれ込んだりして、総司令部としても内外の批判から、鳩山追放をきめたらしい。

鳩山の後釜として候補に上ったのは、老政客古島一雄と前宮内大臣松平恒雄である。自由党幹事長であった河野一郎によると、五月四日の夜、河野一郎と松野鶴平（のち参院議長）、それと政界の黒幕辻嘉六がひそかに会って、河野が松平を推し、松野が古島を推した。古島は犬養毅の政友で、政界隠退後は政友会の顧問的存在であった。鳩山も古島には賛成であった。そこで翌五日朝、鳩山・松野の二人が世田谷経堂の古島の家を訪ねた。

「年寄りの出る幕じゃないよ。これこの通りの体だ」

と言って断ったという。松野の回想によると、古島は病床にあって「いまさら八十翁の出る幕ではない」と断り、「松平や松方乙彦を担いでいる者もいるそうだが、それに比べたら吉田の方がいいじゃないか、吉田にやらせろ」と言ったという。

松野が動いた。当時、外相官邸は麻布市兵衛町にあった。五月十三日の午前三時、草木も眠る丑《うし》三ツ時を少し過ぎたころ、市兵衛町の外相官邸の塀を乗り越える小肥りの男がいた。泥棒ではない。松野鶴平である。当時追放中だから昼間堂々と行くわけにいかない。

吉田を叩き起こして口説いた。「ぜひ鳩山のあとを嗣いでくれ」。松野は、長い政治戦歴の中で、相手を口説いて一度も失敗したことがないというほど、説得力には定評がある。「考えてみよう。明日返事をする」ということになった。

この吉田引き出しには諸説あって特定しがたい。石井光次郎は、吉田とも親しい友人に当たってもらうと、吉田は「おれは代議士が嫌いなんだ。国会の廊下なんか歩いていると、後ろから『おい吉田君』なんて背中をポンと叩かれるなど思うとぞっとする」と言うから、「そんな貴族的なことを言っている場合じゃないだろう」と説得するとまんざらでもなさそうだった。そこで石井が鳩山に、すぐ吉田のところに行った方がよいとすすめたという。

吉田茂の『回想十年』によると、鳩山に頼まれて松平を説得に行った、脈がありそうなので鳩山に行くようすすめたが、鳩山は翌日、「松平総裁では党が納まらぬから、君がやってくれ」と言ったという。河野の回想では、松平引き出しの最中に、松野が吉田を口説いたんだと、不満気である。

ともかく、鳩山が出て吉田訪問となった。このとき、総裁引き受けの条件として、吉田が①金はつくらない、党で責任をもつ②人事は一切吉田に任せる③いつでも辞めたいときには辞める、というもので、鳩山も了承して書き付けを取り交した。のちに吉田と鳩山が不仲になったとき、鳩山はもう一つ、④鳩山の追放が解除されたときは政権を返す、というのがあったと言い、吉田側は否定する。

こうして、昭和二十一年五月二十二日、第一次吉田内閣が成立した。

東京裁判の広田弘毅

緒方は公職追放中も朝日新聞の中村正吾から、東京裁判の進行の様子を聞いていた。

東京裁判＝極東国際軍事裁判は、一九四六年（昭和二十一年）五月三日、東京・市ヶ谷台の新設法廷で開廷した。この日、巣鴨拘置所からバスで運ばれた二六人のA級戦犯容疑者（板垣征四郎・木村兵太郎両被告はバンコックから未着）は被告席に着く。中央大広間の左側に連合国一一人の裁判官が被告席に向き合っている。弁護人団、検察団が所定の位置につく。

午後、起訴状朗読から始まった。

法廷は暑苦しかった。被告人大川周明法学博士の挙措が異状であった。上着を脱ぎ、合掌してにやにや笑っている。下駄履きである。MPの目が大川被告に注がれる。大川の右手が伸び、前列の東条英機被告のハゲ頭をピシャリと叩いた。法廷に笑い声が起こった。東条被告は静かに振り向き、微苦笑した。大川は立ち上がり、奇声を発した。

MPが大川を連れ出した。以後、法廷から大川の姿が消えた。精神障害で東大病院に入院したのである。このあと肺結核の松岡洋右《すけ》元外相も病状が悪化して欠席する。裁判は二六人で進められた。

まず清瀬一郎弁護人が日本人弁護団を代表して、軍事裁判所の管轄権に関する動議の説明から始まった。検察側の起訴状朗読に対する反論である。

つまり、東京裁判はポツダム宣言に記されていない事項について、戦争犯罪人裁判は行ない得ないし、「平和・人道に対する罪」などはポツダム宣言には含まれていない、とした。そして、起訴の範囲も「大東亜戦争の犯罪」だけにすべきであるとする。満州事変や張鼓峰事件、ノモンハン事件などは含まれるべきではないと言う。清瀬弁護人はだんだん熱を帯びてきて、白髪まじりの頭を振りたて、ときには拳《こぶし》で発言台を叩く場面もあった。

これに対し、キーナン首席検察官が反論した。キーナンは、一切の権限を有する連合国軍最高司令官の命令であると威丈高である。清瀬は、ポツダム宣言第五項の「……吾等ノ条件左ノ如シ……」というのを引いて、日本は無条件降伏をしたのではないと言う。そして最後に「断然この起訴を放棄することが、文明のために望ましい措置であると思う」と締めくくった。

続いてキーナン首席検事の冒頭陳述、検察側立証が延々と何日も続く。

裁判が進むと、ある光景が傍聴席の目に映るようになった。被告が入廷すると、広田弘毅被告がかならず傍聴席を見上げ、ある一点を見つめて軽くうなずく。その視線を追うと、傍聴席の最前列に二人の洋服姿の女性が坐っていて、軽く会釈を返す。この光景が多くの人の心をとらえた。二人の女性は広田被告の次女美代子と三女登代子である。

二人の姿は毎回、午前も午後も、全審理の期間中、ずっと見られた。ときには広田被告がちょっと手を上げ、姉妹がこれに応えて手を振る場面も見られた。

公判第五日、五月十四日に広田静子夫人が巣鴨に夫を訪ねた。これが夫婦の別れであった。十七日、静子は突然、練馬の仮寓を引き払って、湘南鵠沼《くげぬま》の家に移った。翌朝、薬物自殺をとげているところを娘たちに発見された。五月二十一日の朝日新聞は、「狭心症のため死去、六十二」と報じた。初七日の二十四日、三男正雄が広田に面会して母の自害を知らせたが、広田は二度、三度うなずくばかりであった。こんなことがあっても、姉妹の法廷通いは休むことがなかった。娘たちの姿を遠くから眺めることが、いかばかり広田にとって心の支えになっていたことであろう。

広田弘毅

キーナンの冒頭陳述につづいて、検察側の立証が延々とつづく。二一人の証人を次々に立てて具体的立証を行なう。その中には元満州国皇帝溥儀《ふぎ》の落ちぶれた姿があった。また陸軍省兵務局長だった田中隆吉少将が、張作霖爆殺事件や満州事変は関東軍の謀略であったと暴露して、被告席の板垣大将や橋本欣五郎を指差して見せるゼスチュアも加わったりした。

広田被告の訴因の中で大きい南京虐殺事件の立証が行われた。検察側にとって宣伝効果の高いもので、当時の米人医師、南京大学の外人教授、中国赤十字の副会長、米人牧師などが証人台に立ち、日本軍の虐殺、暴行等について詳しく述べた。これらのことが外相広田の戦争犯罪とされたのである。

広田無罪論を唱えたオランダ判事レーリンクは「広田は外務大臣として執るべき任務、即ちこの戦慄すべき出来事に関して、直接の関係者である陸軍大臣に通告した」と述べたが、この意見は採用されなかった。

広田の訴因はいわゆる「蔣介石ヲ対手トセズ」の政府声明、日本の南進策を決めたという「国策ノ基準」などが主なものだが、これらにつき、広田は平沼や重光らとともに、弁護側の立証に参加しないことにした。

それに不満をもったのが、元陸軍省軍務局長佐藤賢了である。佐藤は昔、陸軍省説明員として衆議院予算委員会に出席し、騒々しい委員を「黙れ！」と怒鳴りつけて物議をかもした男である。その佐藤が法廷通いのバスで、広田の隣りに坐るのを無上の喜びとしていたが、法廷の雲行きが広田にとって怪しくなったとき、「あなたは証人台に立たれますか」と訊《き》くと、広田は即座に「立たない」と答えた。その後も佐藤は広田に、証人台に立つことをすすめた。総理大臣として、外務大臣として、あなたの真意を弁明する必要があるのではないか。

「私は立ちません」

広田はそっけなく答える。

佐藤は独房まで押しかけ、問答を試みた。

最後に佐藤が言う。

「あなたはなぜそのように証人台に立つことを嫌われるのですか」

広田が沈黙し、それから静かに話しはじめた。

「私は一切、自分で計らわずに来ました。首相になったのも、外相になったのも、自分では辞退したかったのですが、やむを得ずなったのです。その他のこともたいがいは自分から進んで計らうことをせず、今日まで来ました。この期《ご》に及んでいまさら自ら計らう気はありません」

広田は語を継いだ。

「それに、私が証人台に立てば、検事からいろいろ訊問を受ける。それに対して正直に答えれば、いろいろ他人に迷惑をかけることもあり得る」

佐藤には広田の真意がわかったので、それ以後、証人台に立つことをすすめることはなかった。

一九四八年（昭和二十三年）十一月十二日午後四時、A級戦犯二五人に対する国際裁判の判決文が言い渡された。アルファベット順に前に進む。

「被告広田弘毅、極東国際軍事裁判所は被告を絞首刑に処する」

傍聴席がざわめいた。意外であった。広田はイヤホーンを外すと、傍聴席の令嬢を振り仰いで微笑した。

十二月二十三日、文官ただ一人の絞首刑になる広田は、六人の武官たちとともに巣鴨刑場の露と消えた。

憲法改正――マ司令部案

戦後の内閣の当面する最も困難な課題は食糧問題と労働攻勢であった。一九四六年五月、東京世田谷区民大会に集まった千余名の区民に共産党の野坂参三が、「君たちデモの行く先は天皇のところだ」とそそのかし、うち二百名は宮城に向かってデモ行進し、坂下門から皇居内に入った。十九日の食糧メーデーでは宮城前に二五万人が集まり、上奏文を決議して街頭を行進した。

これらは吉田内閣組閣前後のことだが、GHQのウィロビー少将が「デモ禁止指令を出しましょうか」と申し出ると、吉田首相はこれを断った。側近に「日本中が赤旗で埋まったら、アメリカは食糧を持って来るだろう」とうそぶいたという。連日のデモを歓迎していたのかもしれない。

その吉田首相がマッカーサーに会いに行き、「いま四五〇万トンの食糧がなければ餓死者が出ます」と訴えた。これに対してアメリカからは七〇万トンの穀物の輸入があった。しばらくしてから、マッカーサーが吉田首相に「貴下は先に四五〇万トンなければ餓死者が出ると言ったが、七〇万トンで餓死者は出ないではないか。一体、日本政府の統計はどうなっているのか」と皮肉っぽく言った。

吉田首相が答える。

「日本政府の統計が正しければ、戦争にも負けませんでした」

あの謹直な元帥が笑った。

以後、マ元帥は吉田首相に親近感をもち、アポイントメントなしで元帥に会うことを許したという。

共産党主導の労働攻勢も激しくなった。徳田球一は全産業のゼネストを指導し、「民族戦線」を呼号した。吉田首相が昭和二十二年の年頭所感のラジオ放送で、労働運動の指導者を「不逞《ふてい》の輩《やから》」と呼んだのが、攻勢に火を注いだ。全国労働組合共闘委員会は二月一日をゼネストと定めた。六〇〇万人規模である。一月二十二日、GHQは労働組合代表を呼んで、ゼネスト中止を口頭指令し、さらに一月三十一日、総司令部の中止命令を発表した。午後九時二十一分、労組の井伊弥四郎共闘議長はスト中止の放送をした。ここに日本最大のゼネストは回避された。

憲法改正の作業は幣原《しではら》内閣の手で進められた。二十年十月、政府は憲法問題調査会(松本委員会)を立ちあげ、国務大臣松本烝治が中心になって憲法草案を作成した。が、それは天皇統治のもと、明治憲法に少し手を加えた程度のもので、二十一年二月、この松本私案を政府案としてGHQに提出した。

その前にGHQでは、極東委員会が二月下旬に改正に関する指令を出すかもしれないというので、その前に総司令部案をつくって、日本政府に示す必要があると考えた。民政局長ホイットニーは民政局の極秘の会合でマッカーサー三原則なるものを伝え、次長ケーディス大佐を長とする委員会に六日間で憲法草案をつくることを命じた。ホイットニーの『マッカーサー伝』では「草案作成のために、他の仕事は一切放擲《てき》して、全力をこれに注いだ」旨記されている。

以下は吉田茂『回想十年』による。


二月十三日、総司令部の申し入れにより、当時麻布市兵衛町にあった外相官邸で会うことになった。こちら側は吉田外相、松本国務相、それに終連局次長の白洲次郎である。先方はホイットニー、ケーディスその他である。まずホイットニーが言う。

「日本政府から提出された憲法改正案は、総司令部にとっては受け入れられない。そこで総司令部でモデルの案を作った。これを渡すから、その案に基づいた日本案を至急起草してもらいたい」

そう言って英文でタイプしたものを何部か差し出した。さらに、この案は米国政府にも、極東委員会にも承認さるべきものであること、マ元帥はかねてから天皇の地位について深い考慮をめぐらしているが、この案に基づく憲法改正を行うことが、その目的にかなうことであり、そうでない限り、天皇の一身の保障をすることはできないと述べた。

「日本政府にこれを命ずるわけではないが、日本政府が総司令部案と基本原則を同じくする改正案を速やかに作って出すことを切望する」

とつけ加えた。命令ではないと言いながら口調は十分に命令的である。

「しばらく庭を散歩してくるから、その間に案文を読んでみたら……」

と言って先方は部屋を出て行った。

松本国務相がさっそく熱心に読み、吉田外相も目を通した。

吉田が驚いたのは、前文に「我等日本国人民は」と出ていたり、第一条は「天皇は国民のシンボルとする」というような文言があることだった。

米側の記録だと、ケーディス次長は「ホイットニー将軍のこの発言に、日本側の人々は、はっきりと、呆然たる表情を示した。特に吉田氏の顔は驚愕と憂慮の色を示した。このときの全雰囲気は、劇的緊張に満ちていた」と記す。

吉田の回想は、この草案は「革命的なものだった」と言う。明治憲法の部分的手なおしですまそうと思っていたところに、天皇は日本国の象徴とか、戦争放棄とかが出てきたのだから驚いたのである。ともかく「内閣に持ち帰って検討する」ということで、先方に引き揚げてもらった。

二月十九日の閣議では、二、三の閣僚から、総司令部案のごときものはとうてい受け入れられぬという発言があり、結局、幣原総理がマ元帥を訪問して協議しようということになった。二月二十一日、幣原首相がマ元帥を訪問した。

マ元帥は、総司令部案は天皇制護持を念願したものである、と言った。極東委員会の日本に対する空気は想像も及ばぬほど不愉快なものであり、殊にソ連と豪州は極度に日本の復讐を恐れているらしいと言う。

総司令部案の主眼は第一条の、天皇を国の象徴とすることと、第二章の戦争の放棄であり、それを入れなければ天皇を守りきれない、ということらしい。

GHQにせかされて、日本側草案も徹夜の作業で、三月四日に総司令部に渡された。こんどはGHQ側で徹夜の審議を行う。それが閣議に次々に届けられてくる。閣僚の間では特に天皇の地位について異論が多かった。ところが、天皇御みずから「閣議決定があまり遷延《せんえん》するのはよろしくない。天皇の地位については総司令部案でいいではないか」との御発言があった旨、閣議の席に伝えられ、政府案もようやくまとまったのである。

総司令部はなぜかくも急いだかが疑問だが、一つにはマ元帥の天皇制に対する熱意が大きかったことと、極東委員会の出方が懸念されていたことであろう。

戦争放棄条項は誰の発案か

日本国憲法について今日まで引き続き問題になっているのは、第九条の戦争放棄条項である。一方の当事者であるマッカーサーはどう言っているか。彼の『回想記』によれば、昭和二十一年(一九四六)一月二十四日、幣原首相がGHQを訪ね、彼の方から戦争放棄を言い出したことを感動的に伝えている。

その日幣原は、マッカーサーから貰ったペニシリンで肺炎が癒った礼を言いに来たのだが、「そのあと私は男爵がなんとなく当惑顔で、何かためらっているらしいのに気がついた」。元帥が、首相が自分の意見を述べるのに少しも遠慮することはないと促すと、「首相はそこで、新憲法を書き上げる際にいわゆる『戦争放棄』条項を含め、その条項では同時に日本は軍事機構は一切もたないことをきめたい、と提案した」「また日本にはふたたび戦争を起こす意思は絶対にないことを世界に納得させるという二重の目的が達せられる、というのが幣原氏の説明だった」。さらに幣原は、日本は貧しい国で軍備に金を注ぎ込むような余裕はもともとないのだから、残されている資源は経済再建にあてるべきだと付け加えた。

マ元帥は「私は腰が抜けるほどおどろいた」と言う。戦争放棄は「私が長年熱情を傾けてきた夢だった」からである。両者は意気投合して語り合い、「百年後には私たちは預言者と呼ばれますよ」と言う。

ホイットニー局長の手記では、幣原が帰ったあとマ元帥に会うと、「会談の前と後のマッカーサーの表情は一変していて、なにか重要なことがあったことがすぐわかった」。マッカーサーの説明によると、「首相は、新憲法の起草に際して、戦争と軍備をこれかぎり放棄する条項を入れることを提案した」という。じつはホイットニーは数日前、ケーディスといっしょに首相に会い、「先日の天皇の神格否定の勅語は世界中で好評だったが、戦争放棄の勅語を出してはどうか」と卒然と語ったが、首相は何も答えなかった。

ところが幣原の『外交五十年』ではこの件についてはきわめて曖昧《あいまい》で、説明を拒んでいるようにも見える。「それは一種の魔力とでもいうか、見えざる力が私の頭を支配したのである」という。側近には「戦争放棄はわしから望んだことにしよう……」と洩らしたともいう。

マッカーサーからか、幣原からか、言い出したのはどちらからにせよ、当時の世界情勢の認識から、天皇制を守るには戦争放棄しかないとの合意に達したのであろうとの想像はつく。

もう一人の当事者である吉田茂は「憲法調査会に対する公述書」で次のように述べている。

……戦争放棄の条項は幣原総理が言い出したのではないか、という説がありますが、私の感じでは、これはやはり、マッカーサー元帥の考えによって加えたものと思います。もちろん幣原総理も同様の信念をもっておられ、総理と元帥との会談の際そのような話が出て大いに意気投合したということはあったかと思いますが、憲法にこの種の規定を設けるまでのところを幣原首相が申し出たものとは考えられません。

要するに、憲法の条文ですら、当時の米ソ対立状況の中から生まれ出たということは言える。新憲法草案は四月十七日に発表された。これはわが国最初の平がな、口語体の法文で、この口語化には作家山本有三らの努力があった。当時の手続きに従ってまず枢密院に諮詢《しじゅん》され、五月二十二日第一次吉田内閣が成立したので、新内閣によって再び諮詢され、六月二十日第九〇回帝国議会に提出された。両院を通して論議が集中したのは、主権の所在と国体問題、それに第二章戦争放棄であった。

憲法改正案が衆議院を通過したのは八月二十四日であったが、投票総数四二九票中賛成四二一、反対八であった。反対票は共産党が大部分である。貴族院の審議を経たのち、新憲法は十月二十九日成立、十一月三日公布され、六ヵ月後の二十二年五月三日に施行された。

短命・社会党政権

戦後初の総選挙は大選挙区制で行われたが、憲法施行を前に、新国会を発足させるために行われた昭和二十二年四月二十五日の総選挙は中選挙区制で行われた。結果は日本社会党が第一党で一四三、日本自由党一三一、民主党一二六、国民協同党三一、日本共産党四、諸派無所属三一という色分けであった。

第一党になった日本社会党の片山委員長は「つぎの政権は資本主義から社会主義へ移行する性質をもった政権でなければならない」と語ったものの、政権担当の準備がなかったから、「弱った」と洩らしていたのである。大阪の選挙区から上京して東京駅で勝利の第一報を聞いた同党の西尾書記長も信じられなくて「えらいこっちゃ」と思わずつぶやいた。

五月九日、社会党の招請により、社、自、民、国協四党の代表者会議が開かれ、社会党中心の連立内閣をつくる方針がきまり、十六日には政策協定原案もきまった。ところが、いざ片山首班の内閣をつくる段階になると、日本自由党の吉田総裁が「容共左派の入閣は困る」と言い出し、これがこじれて自由党は連立から外れた。

五月二十三日になって、新憲法下最初の首班指名選挙が衆参両院で行われ、片山哲が新憲法下最初の内閣総理大臣に指名された。

四党の政策協定の中に「重要基礎産業は必要に応じて国家管理を行なう」という一項があり、社会党はさっそく石炭の国家管理を持ち出してきた。早くも六月二日の閣議は炭鉱国管を承認し、政府の経済緊急対策には「私企業が期待された成績を挙げ得ない場合には、その企業に対して必要な管理を実施する」とあり、年間三千万トンが算出されない場合は石炭産業の国家管理実施という方針が示された。産業の動力源は石炭であったから、産業振興、戦後復興のためには、石炭増産は至上命令にひとしかった。石炭はまさしく〝黒いダイヤ〟であった。

石炭国管案に対して自由党は態度を変えて「経営形態を変革するような暴挙は全く有害無益である」と完全野党の立場をとった。民主党は複雑だった。党は表向き賛成だったが、大半の議員は反対という珍現象を呈した。鉱山主、ことに筑豊の山持ちたちは金に糸目をつけず民主党議員に食い込んだ。このとき活躍したのが新人議員田中角栄だったという。払い下げの軍靴を履いた炭鉱の男たちが国会議事堂の赤じゅうたんの上を、連日代議士控え室に押しかけていた。

委員会はこの法案を否決したが、本会議で可決された。民主党の幣原派二四名は反対票を投じた上、民主党を脱党した。翌年三月自由党と合流して民主自由党を組織する。

日本最初の社会党首班片山内閣は党内異分子の反乱で総辞職の道を選んだ。社会党左派の鈴木茂三郎は予算委員長だったが、補正予算案を委員会否決に導き、党と内閣を混乱に陥れた。本会議では逆に可決となったが、片山首相はこの混乱の責任をとって総辞職した。マッカーサーは「辞めなくともよいのではないか」と慰留したが、敬虔《けん》なクリスチャンである片山は固辞した。

民政局のホイットニーは芦田首班による中道政権を希望した。吉田自由党総裁は憲政の常道により野党第一党に政権を渡すべきであると要求したが、民主党は民主・社会・国協三党による連立の芦田内閣を目指した。二十三年三月十日、芦田均《ひとし》内閣が成立した。

芦田指名で乱れ飛んだ札束は二億円といわれた。内閣は発足当初から腐敗のうわさにまみれていた。そこへ、西尾副総理の不当財産取引調査特別委員会への証人喚問である。土建業者からの献金問題であった。「社会党書記長たる西尾個人に対する献金である」と釈明した。野党は西尾国務相不信任案を提出したが否決。しかし西尾は国務相を辞任。翌日逮捕、収監されたが、結局無罪であった。

西尾の失脚を狙ったのは民主党であったが、総司令部の中の反民政局勢力も動いていた。日本の政局を混乱させるのはGHQ内のGS民政局とG2参謀第二部の反目対立で、両者は勢力争いとともに、マッカーサーの寵《ちょう》を争っていたのである。

この両者の争いが露骨に現れたのが昭和電工事件と山崎首班問題である。

経済復興のために設けられた復興金融金庫から、大手化学肥料メーカー昭和電工は三〇億円の融資を受けていたが、より多くの融資を得ようとして、高級官僚や政治家に金品をばらまき、料亭で接待した。その金額三千万円に及んだという。六月、日野原社長が贈賄容疑で逮捕され、九月、福田赳夫大蔵省主計局長、大野伴睦、栗栖赳夫経済安定本部長官が逮捕された。日野原のすさまじい饗応を受けていたのはGS、経済科学局、外人記者で、これをつかんだG2のウィロビー少将があばいて、警視庁、記者クラブに流したのが真相であった。

芦田内閣倒壊必至とみると、GHQ民政局は吉田民自党総裁の首班を阻止する謀略に出た。民自党副幹事長の山口喜久一郎を呼び出し、ケージス次長とウィリアムス国会課長が「君を明日から英雄にしてやる」と言い、「山崎猛首班内閣をつくることを宣言しろ」と言う。(山口喜久一郎『私の履歴書』)

ウィリアムスは芦田首相にも、山崎首班について打診し、芦田の支持をとりつけた。ウィリアムスは山崎幹事長からも、「民主・社会の支持があれば首班指名に立候補する」との確信を得た。大磯でたんのう炎を患って寝ていた吉田は広川副幹事長の注進で上京、側近の白洲次郎は総司令部と接触して、吉田について支障はないことが明白になったので、民自党緊急役員会を招集し、「世間に伝わるようなことは絶対にない」と断言し、「内閣首班は吉田総裁で行く」と満場一致できめた。しかし民主党は勝手に山崎擁立をきめた。このままでは衆院本会議で首班指名を総裁の吉田と幹事長の山崎が争うことになる。憂慮した政友の益谷秀次が山崎を説得して、議員を辞職させることにした。

山崎はひそかに久保田衆議院秘書課長を某所に呼び出して議員辞職願を託した。久保田は報道陣を警戒しながら議長室に入り、松岡駒吉議長に渡した。筆者は当時秘書課に入ったばかりで、この光景をただ眺めていた。目の前で行われていることが何なのかわからなかったのである。十月十四日夜、吉田は首班に指名され、十九日、第二次吉田内閣が成立した。

第九章　政界に復帰する

復帰めざして言論活動

緒方竹虎は昭和二十六年（一九五一）八月、公職追放を解除された。六十四歳である。

この年、四月にはマッカーサー元帥がトルーマン大統領によって罷免された。前年に起こった朝鮮戦争で、介入した中共軍を鴨緑江まで追いつめると主張したためである。九月にはサンフランシスコで対日平和条約・日米安全保障条約が調印され、日本は晴れて占領下から脱し、国際社会の舞台に立つことになった。八月に緒方と同様、鳩山一郎ら政財界人一万余人が追放解除され、前の一次解除を合わせると合計一万五千人の政財界人が復帰して、政界にいわゆる戦前派旋風が吹き荒れることになる。

　緒方は政界復帰をめざして、得意の言論活動から始めた。すなわち、「週刊朝日」昭和二十六年八月二十六日号に「終戦のころ」、「中央公論」昭和二十七年新年号に「青春物語——老記者の思い出」を執筆し、同年十二月、『人間中野正剛』を出版した。この書は盟友中野正剛を回顧する友情の書であるが、同時に中野の信奉したファシズムを批判して自己の政治的立場を鮮明にする書でもあった。古島一雄はこの書を紹介して次のように述べている。


　僕は中野と緒方を子供の時から知つてゐる。中野は若い時から文才があり、一種の才気煥発で所謂九州男子の典型だつた。

　緒方はそれと反対だが、どこか奥床しいところがあり、名玉が埋もれてゐれば、その山がなんとなく光るやうに見える、それが緒方である。

　中野はあの仲間では、真先に鋭鋒をあらはし名を成すと思つたが果してその通りで、緒方は大器晩成だ。

　しかし両人とも国を背負つて起つといふ気力、気魄は一つだ。中野の最後は凄壮きはまる。

　性格こそ違ふが両人とも竹馬の友で、相知り合つてゐるので、緒方が中野を書くのは、最も当を得てゐることで、その書いたものは一番正確である。書かれるもの、書くもの、いづれも当代の人物、必ずや興味ふかいものであることを保証する。

右の冒頭、子供の時から知っているというのは、学生時代からという意味である。両人を熟知している古島の紹介文はさすがに真を衝いている。

緒方の政治家としての立場は、種々の執筆活動、雑誌へのインタビューの中で、主義を述べている。緒方の主張の第一は憲法改正による再軍備であり、第二に小選挙区制による二大政党の確立であった。

緒方が大正四年（一九一五）以来寄稿していた小坂順造の経営する「信濃毎日新聞」に、昭和二十七年（一九五二）四月「独立日本に寄す」という一文を寄せた。その一節に言う。

平和条約発効して、日本は独立を回復したのであるがさらによく考えると、独立は回復していないのである。何となれば、日本の国土の上に外国の軍隊が駐留して日本の防衛に当っているという事実が存するからである。これは日米安全保障条約によれば、日本の「希望」により平和と安全のためにアメリカが受諾したことになっているが、日本が希望したにせよ何にせよ、外国の軍隊が駐留する事実には違いがないのである。……軍備という文字の当否はとも角《かく》、駐留アメリカ軍の撤退を求めて差支《さしつかえ》ないだけの自衛力を持つことは、独立国である以上自然ではないか。

故に自衛戦力を整える以上、憲法を改正することも当然という論法であった。独立後とはいえ、社会党左派が世論に受け入れられ、総評や日教組全盛の時代に、憲法改正、再軍備を唱えることは政治家としては危険な賭《か》けであった。五〇年以上経った今日でも憲法改正は危険とみなされる風潮がある。緒方の再軍備論は当時再軍備論の急先鋒とみなされていた改進党の元首相芦田均《ひとし》と共通するものがあった。

かといって、駐留アメリカ軍の撤退を求めて、米ソ対立下の世界情勢の中で日本はどう行くべきか。当時、左派勢力はインドのような中立国、第三勢力を模索していた。日本は第三勢力となるべきかどうか。

緒方は昭和二十七年八月の「西日本新聞」での政治評論家山浦貫一との対談で、米ソ対立下での第三勢力的存在の可能性をはっきり否定した。緒方はインドを引き合いに出し、「インドはいまのところそれだけの独立した力はない。いまもし戦争が起れば、インドは明らかに西欧陣営のなかに入る」と述べた。

では緒方の立場は何かというと、一貫した「アジア主義」である。これは明治以降、玄洋社や広田弘毅、中野正剛と受け継がれた思想であって、福岡の人士にはもっとも広く受け容れられる思想である。もうひとつの「対米自主防衛」主義の根底には、東久邇内閣のとき占領軍から受けた屈辱、「総理、消極的抵抗を示すため総辞職しましょう」と言わねばならなかった反米感情、戦犯指名などの複雑な感情もあったであろう。

東南アジア歴訪と入閣阻止の動き

緒方の公職追放が解除になったとき、周りではさまざまな案が考え出された。早稲田大学の卒業生のあいだでは、島田孝一総長任期終了のあと、緒方を次期総長に推そうという案があった。また朝日の同僚野村秀雄は古島一雄に、サンフランシスコ講和会議の副首席として緒方を送り、情報関係を担当せしめた上、会議後は駐米大使とする案を持ち出した。

緒方自身としては年来の希望であった権威ある週刊誌の刊行を実現したい気持ちであった。しかし古島一雄の勧めに従って政界入りを決意したのである。古島は当時吉田首相の御意見番であり、吉田がしばしば東京・世田谷区経堂《きょうどう》の古島邸を訪問する姿が新聞に伝えられていた。

古島は、戦前派代議士が大量に復帰したあとの政局の多難さを考え、吉田一人でその難局を背負うことは無理と見て、緒方をして吉田を補佐させ、行く行くは吉田の後継者たらしめようとしたのである。

こういう事態を予見したかのように、山浦貫一は昭和二十六年一月元旦号の「週刊朝日」に、「吉田の次は鳩山、その次は緒方か石橋か」と書いて政界にセンセーションを起こしたのである。

吉田首相も古島の勧めに従い、かつは東久邇内閣時代、自分を外相に推薦してくれた緒方であるから気心も知れているし、この男を後継者にと内心期するところがあったであろう。講和後の防衛問題は独立国として重要な課題であった。吉田首相は警察予備隊と海上警備隊を統合して保安庁を新設する構想をもっていた。その初代保安庁長官に緒方を起用したいと考えた。警察予備隊の首脳部は旧治安関係出身の官僚で、戦後派防衛官僚を形成している。海上警備隊には旧職業軍人が採用されている。この両者をまとめるのには、戦前の内務官僚と海軍軍人の双方に顔のひろい緒方が最適任と考えたのであろう。

緒方の内諾を得た吉田首相は、首相特使としてアメリカへ行ってくれと緒方に持ちかけた。二十七年二月のことである。緒方自身はアメリカとともに東南アジアへも行きたい希望を持っていたが、四月になって吉田首相から旅行の日程を一ヵ月に縮めるように言われた。政局絡みである。

かくて緒方の旅行は一ヵ月の東南アジア旅行だけに短縮された。五月六日に東京を発ち、翌七日朝台北に着いた。非常な歓待で、空港では蔣介石総統の右腕といわれる何応欽将軍以下要人が出迎え、また宿舎には実力者張群の訪問があり、その日のうちに蔣総統と会見することとなった。

蔣介石とは都合二度会見することになったが、総統がもっとも関心を示したのは日本の赤化の問題であって、「日本はなぜ共産党を非合法化しないのか」と質問する。共産党との戦争に敗れて台湾に落ちのびた蔣は、共産党についての苦い経験を語り、「自分は今日、日本の有様を遠くから見ていると、ちょうど中国が共産党にしてやられたその前兆という感じがする」と述懐した。

五月十三日、緒方の一行は香港に赴いた。香港の新聞紙は、国府系が台湾における蔣総統の歓迎ぶりを知って好意的であるのに対し、中共系は「戦犯者緒方」「吉田売国内閣の私人代表」などの言葉を用いた。香港にはまた第三勢力があり、緒方を待っていたが、国府・中共両政府が監視しているというので、会見を断念するほかなかった。

五月十六日バンコクに到着。二十日まで滞在し、タイ国首相ピブンとワン・ワイタヤコーン外相を訪問したほか、華僑有力者の大歓迎会に臨んだ。当時タイの華僑は四百万人といわれ、中共政府成立当時は相当動揺したらしいが、緒方が行った当時は政治的な動きも見られなかった。

五月二十一日ラングーン着、ウー・バ・ウービルマ大統領、ウー・メー首相、ウー・バー・スウェ国防相らと会見した。内閣の閣僚がいずれも若く、三十代と見られ、その若い張り切った意気込みに、日本の明治維新もかくやとの感に打たれた。

ラングーンから五月二十四日インドのカルカッタに飛び、翌二十五日にはパル博士を訪問した。博士は東京裁判判事としてただ一人、日本無罪論を唱えた人である。有名な日本無罪論を脱稿するまでの苦心談、殊に病妻を見舞いに途中帰国したとき、妻は泣いて博士を励まし、「日本の立場を法廷に納得させるまで帰国は無用」と訴えたということであった。緒方は感動のあまり顔を歪めたが、博士に気取られまいとして眼頭を熱くするのであった。

夕刻、空路ニューデリーに到着し、翌二十六日ガンジーの墓に参拝したが、翌二十七日の朝外務大臣からの電報で、古島一雄が二十六日湯河原の町野邸で死去した旨の連絡を受けた。葬儀のことなどが心配だったので、旅程を変更して帰国の準備をしていると、朝日の中村正吾から、吉田首相が葬儀委員長として万事とりしきっていると知り、「御臨終に間に合わず、痛恨やるかたなし、はるかに御冥福を祈る」の電報をニューデリーから打った。

五月二十七日、緒方はネール首相と会見した。「ネール氏は日本人のいうようなアジア主義者ではなく、徹底した現実主義者という印象を受けた。印度の責任者としてインドの建設を考えるのは当然すぎるほど当然で、人間は立派で『名物くさい』ところがない」と記している。日本では当時インドの中立主義として理想主義的に語られていたが、実はネールの現実政策は「アメリカ中心の世界政策は、逆にテンションを強めるばかりで、もし十年か十五年戦争を避け得れば、世界のバランスは新しい安定を得る」と言うにある。その間にインドは電源開発、灌漑工事、重工業の発展など大国としてのインドの面目をととのえたいのである。

翌二十八日、一行は次の訪問地パキスタンの首都カラチへ飛んだ。ここは対日感情もよく、一行は国賓のような待遇を受けた。

インドネシアではスカルノ大統領が「独立後二度の対オランダ戦争に成功したのは日本より教えられた精神力の賜物である」と明言した。

すべての公式旅程を終えて緒方の一行は六月六日ジャカルタを出発、シンガポール、バンコク、香港経由で帰国の途についた。六月十日午前五時半羽田に着くや、記者会見のあと、親友でかつ秘書でもあった浅村成功を慶応病院に見舞ったことは前にふれた。

緒方の東南アジア旅行は保安庁長官就任のためのものであったが、帰国しても就任についての動きは見られず、むしろ緒方が議席を持たないまま大物閣僚として政界に復帰するのを妨害しようとする動きが党内に見られた。緒方は帰国以来各地で東南ア視察についての講演を行い、友人で立候補を予定している人たちの応援にかけ回っていたが、七月三十日植木庚子郎の応援を終えて福井から上野駅に帰着すると、保利官房長官と池田蔵相とが料亭「大島」に待ち構えていて、「保安庁長官よりもむしろ文部大臣ではいかが」と勧める。緒方は「この件はすでに吉田首相との間に話済みのはずであるが」と謝絶した。二日後の八月一日には自由党総務会でも緒方の入閣について反対意見が表明された。総務会長は吉田側近の広川弘禅である。広川はさらに自派の代議士を緒方のところに寄越して「保安庁長官就任を辞退されてはどうか」と申し入れさせた。

事情は、吉田側近の妨害であった。この頃の吉田側近といえば肉親の麻生太賀吉・和子（娘）夫妻、池田勇人、佐藤栄作、広川弘禅、保利茂、福永健司らである。聞けばこれら全部が緒方の保安庁長官就任に反対しているという。

『人間緒方竹虎』を書いた高宮太平によれば「保安庁は謂わば昔の陸海軍省である。将来は必ず増強される。大きな予算を抱えて居れば、利権も亦大きい。政党の苦労もしていない緒方に、莫大な利権を想定される新設庁の長官を充てる必要はない。端的に言ってそれが緒方へ反対の根拠である。アプレ政治家たちは己の心情を以て他を律する。緒方がどんな人柄かを知らないのだ」ということになる。因みに「アプレ」とは戦後流行した言葉で「アプレゲール」＝戦後派のことである。

緒方は自分の保安庁長官就任に反対の裏事情を知ると、文相就任を断り、来るべき総選挙において衆議院に議席を持ち、おもむろに後図を期す覚悟をしたのである。

この辺の緒方の居場所というのは政界ではまだ知られていなかったといっていい。自由党幹事長増田甲子七《かねしち》はかねてから、自分こそ吉田の後継者と自負していたが、実は昭和二十六年の暮れ、湯河原の町野武馬宅で年を越す吉田首相に夫妻そろって呼び出された。町野邸に着いてみると、すでに古島一雄や評論家の山浦貫一が来ていて、増田の記憶では右翼の領袖笹川良一夫妻も招かれていた。増田が奇異に感じたのはこの席に緒方竹虎が現れたことである。会はなかなか盛況で、近くに住む近衛文麿未亡人も顔を出していた。酒を飲まない増田は、追放解除になったばかりの緒方がなぜこの席に現われたのか気にかかってならなかった。町野と緒方の親交をまだ知らなかった。あとで増田と同郷の山浦が会合の主旨を説明してくれた。

「この会合は政権授受のためである。次は緒方に譲るということを、吉田はこういう形でお前に認めさせたのだ」

緒方を吉田に推薦したのは古島らしいということも山浦から聞かされた。それで緒方出席のわけを増田は納得した。増田は自伝で「そのとき総理・総裁への夢を捨ててしまった」と書いている。町野武馬はかつて張作霖の軍事顧問をしていた軍人で、その後は満州浪人であった。満州事変以後、近衛文麿のブレーンの一人として、毎週虎の門の霞山会館に外交官吉沢謙吉（のち外相）、政治家小川平吉（のち逓相）、緒方竹虎らと満州問題を討議した。近衛はよく湯河原の町野邸で保養していたが、町野邸から藤木川を距てた台上に町野の世話で別荘を求めた。いまここに、近衛の外孫で元首相の細川護熙《もりひろ》が隠棲している。

吉田派と鳩山派の確執

昭和二十六年（一九五一）六月十一日、山下汽船の山下太郎の肝煎《きもい》りで、東京音羽の鳩山邸に鳩山一郎傘下の三木武吉《ぶきち》、安藤正純《まさずみ》、大野伴睦《ばんぼく》、大久保留次郎、石井光次郎らが集まって、追放解除後の政局について話し合った。

安藤や大久保は「自由党に帰って適当な時期に自由党首脳部として大いに働こうではないか」と提案した。三木は、「いま自由党に帰っても、とても元通りにはならないだろう、むしろ新しい政党を作ろうではないか。これは簡単だ。鳩山と石橋と僕と三人は、自由党に帰らないことにする」と述べた。石井は「鳩山さんが解除になってから吉田さんと会ってきめても遅くはあるまい」と言った。大野は、鳩山から吉田とはとても組めないときかされていたから黙っていた。三木が「最後に鳩山の意見を聞こう」と言った。

吉田　茂

鳩山一郎

鳩山は「僕は断じて三木君の説に賛成だ」と言い切った。つまり反吉田の新党結成である。朝から激論三時間、昼の膳が運ばれてきた。鳩山は便所に立った。どうも体の調子が変だ。気分が非常に悪くなってきた。用心のために戸を開けておこうと手を伸ばそうとしたら、手が効かなくなっている。耳の後ろのところから頭の内にかけてジーッと血が流れるのが自分でわかった(『鳩山一郎回顧録』)。脳出血である。鳩山は身体の自由を失った。

吉田はなお政権を維持するつもりである。『回想十年』にいう。「鳩山君の病軀よく独立再建の国務に堪え得るや、重責に堪ゆるの明らかならざる限り、私としては党総裁および総理大臣の重任に鳩山君を推挙するのは、情誼《じょうぎ》はともかく、総理大臣として無責任であると感じ、これを躊躇《ちゅうちょ》せざるを得なかった。私は鳩山君を推挙せざりしことを今なお妥当であったと信ずる」。

鳩山派の復帰で自由党内勢力のバランスが崩れた。幹事長人事で広川派と鳩山派が対立抗争した。吉田ワンマン政治に対する若手の反抗もある。その極めつけが二十七年七月の幹事長人事であった。吉田は広川派が更迭《こうてつ》を要求する増田幹事長の後任に、側近の一年生議員福永健司《けんじ》を起用しようとした。これには党内の大部分が反対した。その急先鋒が中堅将校と呼ばれた議院運営委員長石田博英《ひろひで》、国会対策委員長倉石忠雄の率いる一団で、その裏で作戦を練っていたのが三木武吉である。鳩山は記者会見で「吉田内閣の命脈は旦夕《たんせき》に迫っているとの感が深い。それはこれまでの罪悪の結晶であり誤ちの集積がそうなったので、打開は困難だ」と語った。(田々宮英太郎『鳩山ブームの舞台裏』)

七月一日の議員総会は荒れた。吉田総裁が幹事長の指名書を増田幹事長に渡した瞬間、窓際にいた石田博英が白扇をさッと振る。それに応じて倉石はじめ大野派を先頭に十数人が会場の後方からどッとばかりに演壇めがけて殺到した。側近に守られた吉田は窓際に押し付けられて身動きもできなかった。もし指名を強行すれば、吉田は鉄拳の雨に見舞われていたであろう。かくて総会は流会となった。院内の総理大臣室に引き揚げた吉田は憤懣やるかたなく、議員総会長の大屋晋三を責め「君のせいだ！」とマッチの燃えさしを叩きつけた。

揉めた末、幹事長には衆議院議長の職にあった林譲治を充てて事態を収拾した。緒方の政権復帰の裏にはこうした政界の醜状が進行していた。

抜き打ち解散で緒方立候補

国会の内外に解散の要求が高まっていた。このままでは反吉田勢力の高まりに押されて解散という事態になりかねない。吉田首相としては鳩山派と反吉田勢力の戦闘準備のととのわないうちに解散したい。そこで松野鶴平《つるへい》を呼んで相談した。松野が吉田に与えた秘策は「抜き打ち解散」である。ひそかに解散の準備をととのえ、準備ができたところでいきなり解散する。鳩山派の追放解除組は、解散はまだ先だと思っているから、準備不足で落選するだろう。鳩山や三木、石橋、河野らは当選してくるだろうが、手足が少なくなればどうしようもないだろう。これが松野の読みである。

吉田も当初、解散は十月初めあるいは中旬と考えていて、その旨、保利官房長官に伝えていた。解散の準備は吉田の指示で保利が中心になって進められた。選挙資金は池田と佐藤が引き受けた。

問題は解散手続きだが、占領時代と違って憲法第七条（天皇の国事行為は内閣の助言と承認による）のみで行えることになっていた。

議長の林譲治が不本意ながら幹事長に就任したので、議長には大野伴睦が選ばれた。鳩山の門下生を以て任ずる大野は吉田政権下で議長に選ばれることに大いに照れたが、林や益谷の説得で一任したのである。

解散は七条で行われるとしても、解散詔書に天皇の御名御璽をもらうためには、解散を閣議決定しなければならない。しかし正式に閣議決定したのでは秘策は保持できない。そこで保利官房長官は内閣官房総務課長の山田明吉を呼んで、持ち回り閣議の形式で閣僚の署名をとるよう命じる。それも全閣僚ではない。吉田首相と佐藤郵政相、池田蔵相に岡崎外相だけである。同じ吉田主流派でも広川農相は外された。

持ち回り閣議の形式を整えると、山田総務課長は那須で保養中の天皇のところへ向かった。侍従を通して解散詔書に御名御璽つまり署名捺印をもらった。

那須からの帰り、山田の乗った車が黒磯あたりで大野伴睦の車とすれ違った。衆議院議長就任の挨拶に伺候するのである。

「衆議院議長の車です」

運転手が教えてくれた。運転手同士は知っている。向うの運転手も「総務課の車がなぜ？」と思ったかもしれない。山田総務課長は「議長は何も御存知ないな」と思った。政治の世界の激しというものを目のあたり見た思いである。いわゆる大野「三日議長」の一コマである。

解散は山田総務課長が御用邸から帰り次第行う予定であったが、翌二十八日に延ばしたのは、大野新議長が天皇へ就任の挨拶に出かけているその日の解散はあまりにも大野をバカにすることになる。天皇も心苦しかったであろう。

二十八日朝、山田総務課長は保利官房長官に命じられて、紫の袱紗《ふくさ》に包んだ解散詔書を衆議院事務総長大池真のところに届けた。衆議院は二十六日に召集されて議長選挙をしたまま、会期も決めていない。通常なら解散詔書は官房長官から事務総長を通じて議長に届けられる。何もかも異例であった。二十八日は休会中だった。

大池事務総長は解散詔書と知って、飛び上って驚いた。「解散ですか」その声はかすれていた。全く寝耳に水である。同じころ、吉田は目黒の公邸に党の幹部を呼んでいきさつを話していた。幹事長の林も総務会長の益谷も知らされていなかった。両人には松野から知らせることになっていたのに、知らせていない。戦前から政友会の大幹部だった松野はそのころの若手だった林や益谷を軽く見ているところがあった。

いちばん怒ったのは大野である。しかし解散は事実である。大池から知らせを受けた大野は、議長室に各党代表を集め、解散を告げた。各党は選挙に向けて走り出した。

大野、林、益谷は赤坂の料亭に集まって、抜き打ち解散の非を鳴らした。大野は「保利と佐藤の仕業だ」とわめき、背後に松野がいることをまだ知らなかった。

第二十五回総選挙は二十七年十月一日に行われた。緒方は福岡県第一区から立候補した。ここは戦前、緒方の盟友中野正剛が地盤にしたところである。緒方は「朝日の緒方」として戦前中央では著名であったが、それも知識層のあいだでであって、福岡では小磯内閣・東久邇内閣の国務大臣としても一般大衆にはあまり知られていない。事前の選挙運動もしていない。それに福岡というところは、安川敬一郎、松永安左ヱ門という大物実業家を落とした土地柄であって、油断はできない。

中野正剛は福岡市を独擅場《どくせんじょう》とし、そして旧東方会系の人々は健在であったが、緒方が自由党の候補者として中野の地盤を継承することに対して不満をもった。緒方の『人間中野正剛』の中で中野正剛をファッショだったと規定したことに怒りをもったらしい。旧東方会系の人々は、中野の精神を継ぐ真の後継者は最後の玄洋社社長であった進藤一馬《しんとうかずま》であるとしていた。

進藤はのち福岡市長となるが、当時は緒方ほど政治的経歴をもっていなかったので、率先して緒方支持の姿勢を示したため、旧東方会系の人々も緒方支持にまわった。それに、忘れてならないのは盟友真藤慎太郎《しんどうしんたろう》の努力である。太宰府天満宮奉賛会や、東南アジア視察旅行の講演会開催、「竹虎会」の結成など、地道な努力が少しずつ実を結びつつあった。

しかし何といっても、旧東方会グループの活動は大きかった。選挙事務所の運営や運動員の派遣など、運動経験の豊富なこのグループに大きく依存しなければならなかった。財界の有力者の応援もあったし、母校の中学・修猷館同窓会の応援も大きかった。

福岡１区で初当選した緒方（昭和27年10月）（修）

緒方は中野正剛の遺児達彦を秘書とし、コト夫人を伴って選挙区を巡ったが、トラックの上から遊説するのに「ぜひ一票を」と言えず、またあの選挙用のタスキが苦手で尻込みしたし、最初のうちは選挙民から「緒方さんの話はむずかしい」とか「ぜひ一票をと言わない、少し頭《ず》が高い」とかと言われたが、終盤になると「やっぱり他の候補者とは違う」ということになって、蓋《ふた》を明けてみると思わぬ大量得票で、組織票に頼った左派社会党候補には及ばなかったが、二位の当選であった。

吉田総裁は総選挙直前の九月二十九日、吉田批判の選挙演説をして回っていた石橋湛山と河野一郎の両名を除名した。鳩山派は自由党と別にステーション・ホテルに事務所を構えて、反吉田の旗幟《きし》を明らかにした。抜き打ちの解散で鳩山派は選挙資金の準備がなく苦戦したが、それでも六八議席を獲得した。自由党の内訳は、吉田派七三、中間派九九の計二四〇議席であった。因みに改進党は八五、協同党二、右派社党五七、左派社党五四、労農党四、共産党ゼロ、諸派五、無所属一九という内訳であった。

鳩山派の敗北とそのしこり

総選挙の結果、自由党は解散時から四五議席を失いながらも二四〇議席だから、単独でも政権を維持できる勢力であるが、党内で首班候補の一本化ができない情勢にあった。

吉田派は当然吉田総裁を立てる。鳩山派は鳩山パージ、吉田に政権移譲の際の約束を楯にとって、総裁の地位を返せと言う。林、益谷らは吉田・鳩山会談を目論むがなかなか実現しない。吉田、鳩山には政策的対立もあった。吉田が向米一辺倒なら鳩山は中ソとの国交調整、あるいは池田による緊縮財政か、石橋による景気振興か、吉田のなし崩し再軍備か鳩山の憲法改正による再軍備かという問題もあった。が、実体はすでに政策論をはなれた感情的対立になっていた。

十月十日、林、益谷、大野らと会談した吉田首相は「鳩山君と首班指名を争うつもりはないが、先方がその気なら已むを得ない。しかしあの不自由な手足は痛々しい」と、病人に政権は渡せぬという口ぶりである。

一方、鳩山は十三日記者会見をして、

「私が首班を要求するのは、吉田君では政局の安定はできないからで、決して私情からではない。私は党の一本化よりも国の一本化を重視している。民主政治は道徳の政治だ、河野・石橋の除名問題を考えても、吉田君に道徳の政治は期待できない」

と語り、吉田批判を強めた。

鳩山が記者会見をしている十三日、大野は松野鶴平を追って熊本の天草に来ていた。衆院選に鞍替えした参院議員のあとを埋める補欠選に松野が立候補したのである。衆院には息子頼三が当選した。大野は三角港から深夜の不知火海をチャーター船で天草の本渡町に渡り、午前一時、松野と旅館で会談した。この会談で大野派が吉田支持に踏み切ることになる。松野は大野に大局論を説いた。

語り合って天草灘に秋晴るゝ

俳人万木の句である。大野は親分鳩山から吉田に乗りかえたのである。のちにこのときの心情を「大義、親を滅す」と説明している。

選挙を終えた松野は十月二十日上京した。首班指名を行う特別国会は十月二十四日召集である。松野は林、益谷らからもはやのっぴきならぬほど対立した党内の事情を知る。松野は二十二日早朝吉田に会い、鳩山派への人事面での妥協を協議した。吉田派としては、衆議院議長安藤正純、幹事長三木武吉までは譲ることにする。松野はこの妥協人事で鳩山に会う。鳩山は吉田に会うことを承諾する。

二十三日、吉田・鳩山会談が衆院議長室で行われた。林、益谷のほか女婿麻生太賀吉が立ち会った。松野は部屋の入口で構えている。会談に加わろうとした保利官房長官は松野に止められた。会談に同席しているのは吉田派ばかりだと鳩山派から文句が出たので、松野は安藤正純と牧野良三を入れた。

会談は結局人の良い鳩山が吉田のペースに巻きこまれ、側近政治や秘密外交はやらないというような抽象的な合意で、具体的な人事などに触れることもなかった。林幹事長は会談後「会談は談笑のうちに悪口の言い合いのような形で、お互い万事了解し合った」と分ったような分らぬような発表をした。

このあと開かれた両院議員総会では、両派ともに騒ぐこともなく、吉田は「鳩山君が議員総会に出席できるほど健康を回復したことを喜びたい」と述べ、鳩山は「吉田君同様わがまま者だがよろしく」と言って、両派の対立は形の上では終息した。

翌日の衆院本会議では議長に大野伴睦が選出され、首班には吉田が指名された。鳩山派は吉田も一度は承知した安藤議長、三木幹事長の人事が無視されたと憤り、自由党民主化同盟を発足させる。これがやがて吉田内閣を退陣に追い込む力となっていく。

第十章　官房長官・副総理時代

大物官房長官の登場

昭和二十七年十月三十日、第四次吉田内閣が発足した。緒方は国務大臣・内閣官房長官に就任した。組閣当日の記者会見で、吉田ワンマン首相は珍しく上機嫌で、

「諸君に大物官房長官を紹介する」

と言って緒方を紹介した。ジャーナリズムから側近政治の批判の高い中で、緒方の新鮮さをアピールしたわけである。

第四次吉田内閣には久留米出身の石井光次郎も運輸大臣として入閣した。鳩山派からはただ一人の入閣である。石井は郷里久留米から立候補した。戦後第一回目の総選挙では大選挙区での当選で、第一次吉田内閣の改造で商工大臣となり、石炭増産に力を入れた。昭和二十二年四月の総選挙で第二回目の当選を果たしたが、公職追放になった。今回が出直しということになる。

第四次吉田内閣の顔ぶれを見ると、緒方、石井、外務岡崎勝男、法務犬養健、通産池田勇人、建設佐藤栄作のほか十人の大臣がいたが、高宮太平の言葉を借りるなら「この中にまともに大臣といえる者が幾人あるか」ということになる。吉田の気まぐれ人事は有名であった。大臣の顔も知らないということがあった。その最たるものが泉山三六問題であった。

泉山は三井財閥の総帥池田成彬《しげあき》の鞄持ちをしていて、昭和二十二年四月の選挙で出てきた一年生議員だったが、当時勢威を張っていた広川弘禅が、閣僚の人選を任され、大蔵大臣に苦慮していたが、三井銀行出身という履歴から「つまみあげた」(広川談)「あとで聞いたら、あれは三井の宴会係なんだよ。大笑いだよ」(広川談)ということで泉山大蔵大臣が誕生した。

当の泉山の回顧によると、突然広川に呼ばれて荻窪の荻外荘(当時吉田首相は故近衛文麿の家を借りていた)に行ったら、近衛が自殺した部屋に吉田首相が座っていてにこにこしている。初対面だが別段話もなかった。岡崎・佐藤・池田もいた。翌日党本部に行くと広川から「大蔵だ」と言われた。「大蔵政務次官らしいと思っていたところ、夜になってから大蔵大臣であることがわかった」(『トラ大臣になるまで』)。ずいぶんずさんな大臣選考があったものである。この伝で吉田は在任中、百人近くの大臣の首をすげ替えた。

泉山大臣は深夜国会のつづく中、夕食でしたたかに酒を飲み、山下春江女史に抱きついてキスをしたとかしないとか、ついに大臣も議員も棒に振った。

吉田首相が緒方を重用したのには、ジャーナリズムからの「側近政治」との批判をかわす意味もあった。いわゆる吉田の側近というのは、三女和子とその婿の麻生太賀吉《あそうたかきち》、和子と麻生の仲を取りもった白洲次郎、政界の四者連盟といわれた広川弘禅、池田勇人、佐藤栄作、保利茂、それに麻生夫妻のマージャン仲間である福永健司、坪川信三である。

「（和子が）暁を告げる牝鶏《めんどり》である。その周囲には麻雀その他でご機嫌取りに来る者が雲集《うんしゅう》する。反緒方の空気はチー、ポンの掛け声の中から一種の妖気となって立ち昇るのである。この妖気は吉田の葉巻の煙の中にも混じる」（高宮太平『人間緒方竹虎』）ということになって、側近たちの進言（ザン言？）が吉田の心証を左右したことは否めない。

緒方自身もこの側近たちの「妖気」は感じていて、官房長官就任後、まわりの者に「吉田御殿には〝淫風《いんぷう》〟が漂っている」と冷笑を洩らしていた。

一方で、緒方の官房長官就任にはジャーナリズムが強い関心を示した。

十月三十日付の朝日新聞は「緒方を起用したことは意表の人事といえよう。緒方官房長官の登場が、第四次吉田内閣のスケールを大きくした効果は争えない」とし、「過去の官房長官がワンマンの使い走りにしか過ぎなかったのに対し、その官僚臭を一掃するために果たすべき役割は大きい」と期待を寄せた。

事実、従来の岡崎、佐藤、増田、保利といった子飼いの官房長官が「御用聞き」と称して目黒の首相公邸に日参したのを、緒方はきっぱり止め、永田町の首相官邸に出て、執務した。吉田首相とは必要なときだけ打ち合わせる。

この、お茶坊主でない官房長官の執務ぶりに、党内の反側近派がまず注目した。

副総理と反吉田派の胎動

緒方は官房長官就任から一ヵ月経った十一月二十九日、官房長官のまま副総理に任命された。名実ともに内閣の大黒柱となったのである。朝日新聞は「吉田・緒方内閣という性格はこれでいっそうはっきりした」と書いた。

緒方の副総理就任で吉田の後継者たることがはっきりしたとして、広川は「おれは緒方と対決する」と言い放つようになり、世田谷三宿《みしゅく》の自邸に手勢を集めて反緒方の気勢を上げた。そしてついには鳩山の陣営に寝返るに至る。これには鳩山派の重鎮三木武吉のささやきがあったとされる。「君はすでに吉田から見捨てられている。その証拠に吉田は緒方を副総理にしたではないか。いつまで吉田に義理立てするつもりか」と煽《あお》られていた。それに、望んでいた幹事長の地位も、松野鶴平や緒方の推す佐藤栄作に奪われそうであった。吉田側近の四者連盟はすでに崩れ去って

政界復帰していきなり副総理となった緒方（右端は吉田首相）（修）

いた。（山田栄三『正伝佐藤栄作』）

吉田首相の国会嫌いは有名であったが、緒方が副総理になると、国会での政府答弁はすべて緒方に任せた観があった。政治評論家の山浦貫一はこう評する。「野党の連中もいつの間にか政府の答弁は首相がするものではなく、副総理の受持ちであるかのごとき錯覚に陥ったらしく、神妙に聴きいる習慣がついてしまった。まことに奇観である」。

この頃、有識者の間でも、緒方の政治家としての大成を祈る声があがり、ときどき会談して希望を寄せ、助言も惜しまないという習慣ができた。すなわち田島道治、前田多門、小泉信三、長与善郎、野村秀雄らがそれで、永田町山王の「山の茶屋」か、伊皿子《いさらご》の「塩原」に集まった。「議論はいつも極めて真剣で、天下国家をこの一人の人物を護り立てることによって善導していってもらおうという好意と善意とにみちた助言が口々に洩らされた」（嘉治隆一『明治以後五大記者』）。

総選挙後、鳩山派の強硬分子は前述のように、「民主化同盟」をつくった。これは鳩山派のみにとどまらず、民同派の大勢はむしろ反吉田派という性格がつよくなり、その数六四名。実権は三木、河野、石橋湛山、砂田重政らが握っていた。

吉田としてはなんとかして鳩山を突き崩したい。吉田は鳩山にオレンジ一籠と手紙を届けた。「何はともあれ健康は大事。諸事一応放擲《ほうてき》、健康回復専念相成りたし。そのうちお訪ねいたすべく、その節は余人を加えず閑談いたしたし」と余韻《よいん》をもたせた。

十二月二十四日には、大野伴睦衆議院議長が吉田首相から託された豪華なクリスマスケーキを音羽の鳩山邸に持ちこみ、「先生が四、五月頃までに癒ればいいが、と吉田総理が洩らしました」と政権授受を匂わせ、「私と林、益谷の三人で検討した結果、総理は遠からず先生に政権を譲るに違いないということに見解が一致しました」と言った（田々宮英太郎『鳩山内閣の舞台裏』）。民同派などに乗せられず、騒がずに待っていて下さいという意味である。

池田食言と続く党内抗争

自由党主流と民同派の抗争はつづく。十一月の総務会では林幹事長・益谷総務会長の再選を決め、民同派の推す三木総務会長を蹴った。常任委員長・政務次官人事でも民同派は締め出された。これに反発した民同派は「民同は時期を見て政界再編に乗り出し、場合によっては保守新党を結成する」と決定した。保守新党鳴動の第一声であった。

こんな折、池田通産相が十一月二十七日の本会議で、右派社会党加藤勘十の質問に答えて、「インフレ経済から安定経済にまいりますときに、ヤミその他の正常ならざる経済原則によらぬことをやったときに、倒産をし、思いあまって自殺するようなことがあってお気の毒ではございますが、やむを得ないということは、はっきり申し上げます」

とやった。その通りではあろうが、政府答弁としては非情冷酷のそしりを免れない。それに時期が時期である。野党も民同派もキバを研いで待っている。野党は共同で池田通産相不信任案を提出した。

池田は前にも「貧乏人は麦を食えばよい」とやって物議をかもしたことがある。これもその通りだが、答弁としてはあまりにぶっきら棒。情がなさすぎると映る。

民同派の幹部が益谷、林らと会見して、不信任案審議の前に池田が辞職することを勧めた。が、吉田首相は断固として辞職勧告をはねつけ、強行突破を指示する。

翌二十八日の本会議には民同派二五名が欠席戦術を取り、党を除名された河野、石橋は堂々と白票を投じて、池田通産相不信任案は成立した。池田は二十九日辞職した。

吉田はここで、鳩山に乗りかえそうな広川を引き止めるため、池田辞任のあとのたらい回し改造で広川を農相に据えた。広川はむずかったが、結局引き受けた。

広川については、『正伝佐藤栄作』を書いた山田栄三が辛辣《しんらつ》なことを言っている。「さきに講和全権問題で頭ごなしに怒鳴り散らしながら使った増田甲子七を、緒方竹虎という血筋の良さそうな新人が現れると、あっさりと捨てて顧みない吉田である。広川のような野武士は本来吉田の嗜《し》好《こう》の外にある。一風変った人材なので、ある期間は使って重宝したが、キバをむかれてまで可愛がる気は毛頭ない。吉田にとっては増田も広川も用がすんでしまえば、それまでなのである」と。

十二月中旬の補正予算の衆議院採決を前にして、民同派は党内民主化つまり執行部の更迭と河野・石橋の除名取消しを要求してきた。要求が通らねば野党共同提出の修正案に同調するというのである。吉田首相は民同派の要求を容れざるを得ない。

十二月十五日午後五時から目黒の首相公邸（前外相公邸・元朝香宮邸）で、政府側吉田首相、緒方副総理、党側林幹事長、益谷総務会長、民同派を代表して三木武吉、砂田重政、安藤正純の七者会談がもたれた。

三木の秘書の重盛久治が廊下の扉に耳をあてて盗み聞きしたメモが残されている。むろん完全なものでなく三木サイドの記録である。そこを要約してみる。

安藤が演説口調で「党の民主化のため総理とお会いして……」と言いかけると、吉田総理が「そりゃ話が違うね。諸君はいったい補正予算をどうするのかね？」と興奮した声で言う。「補正予算？」三木が興奮して言う。「緒方君、君は総理に何と話してあるんだ、誰が補正予算の問題で話し合うといったか」（それにつづいて緒方副総理の重厚な返答があったが、廊下で聴く筆者の耳には意味がよく分からなかった）とあるが、その後しばらく三木の独演がつづき、なぜ総理は河野・石橋の除名をしたかと喰い下がり、安藤が「三木君、それは今日は言わないことになっている」とたしなめる。三木は構わず喧嘩腰で吉田に迫っている。ひとしきり三木が毒づいたところで、吉田が（実に淡々とした話し振りで）、

「そりゃ三木さん、水に流しましょうよ」

と言った。

「水に流すとはどういうことか」と三木。

「それはね、三木さん、除名以前まで水で流して、除名などなかった、ということですよ」「ああそうか、除名はなかったことにするんだな」三木にやっと吉田の言い分が分かって、「次にこの二人の問題だ」と林幹事長、益谷総務会長更迭の問題を切り出した。

「それはね、三木さん。私一人でどうするというわけには行きませんわ」

吉田総理は軽く受け流した。党が決定することだと逃げた。三木は激しい言葉で林、益谷につめ寄る。

（そのとき吉田氏の興奮した声で）

「三木さん、その乱暴な言動はあまり聴き苦しい。われわれの前で言ってもらいたくない！」

と叱りつけるように言い、

「私は司令部に行く時間だから、これで退席します。あとは党に帰ってやってもらいましょう」

と言う。（緒方氏の重厚な声が、三木に相当強く何か言っているのが聞こえたが、内容はやはりよく分からなかった）

「よし、それでは党に帰ろう。緒方君、じゃ、院内の幹部室で待つよ」

三木が言って、みな立ち上がる気配がした。

バカヤロー解散の顚末

党内は役員人事でなおもめたが、主流と民同の妥協で佐藤幹事長、三木総務会長で手を打った。民同派が党執行部に進出して、抗争はさらに白熱化した。

三木は痩身鶴のごとくで、つねに渋い茶の和服を着ていた。そげた頰に三白眼《さんぱくがん》が鋭く光る。それに毒舌家だ。往年はヤジ将軍の異名をとった。

この時期、筆者はある光景を目にした。衆院事務局秘書課に勤務していた筆者はあるとき所用で衆議院玄関を通りかかった。そのとき玄関のエレベーターから吉田総理が降りてきた。守衛長が先導し、秘書官が従っている。ここまでは護衛の院外団もついて来ない。筆者は行きがかりで立ち止まり、目礼する。その玄関の先に、紋服袴の三木武吉が立っているではないか。車を待っているのである。そこへ吉田首相が降りて行き、アナウンスがあった。三木は袂《たもと》に両手を入れたまま立っている。どうなるのかと筆者は眺めていた。吉田首相が後ろからポンと三木の肩を叩いた。三木はきッとして振り向き、そのままプイと顔をそむけた。そこへタイミングよく吉田首相の車が滑り込んできて、首相を乗せると走り去って行った。一瞬の出来事であったが、何かドラマを見ているような感じでもあった。
その三木が総務会で佐藤幹事長をつるし上げるからたまらない。佐藤にとって総務会は鬼門であった。

こうした時期、昭和二十八年二月二十八日の予算委員会で事件が突発した。右派社会党の西村栄一（大阪）が質問中、吉田首相が思わず「バカヤロウ」と発言してしまって大騒ぎになる。歴史書や個人の伝記にもこの部分が大きく書かれていて、速記録も〔吉田「バカヤロー」と叫ぶ〕としているが、衆議院予算委員会議事録では〔吉田国務大臣「馬鹿野郎」と呼ぶ〕となっている。それも自席で呟いたので、公式会議録では――と消されている。

そのときの模様を会議録から要約してみる。西村委員は国際情勢について質問している。

西村委員　ヨーロッパの情勢は、一応の危機は緩和したかもしれませんが、しかしながらその険悪な焦点は朝鮮に移って来ている。そこで私は大臣にお尋ねしたい。イギリスの総理大臣の楽観論あるいは外国の総理大臣の楽観論ではなしに、ヨーロッパは緩和したが、朝鮮の問題を中心にいたしまして、風雲は極東に移りつつあるということを考えて、これに対して日本国家としてはいったいどうするのであるかということを、日本の総理大臣に日本の国民は問わんとしておるのであります。

吉田国務大臣　ただいまの私の答弁は日本の総理大臣として御答弁いたしたのであります。

西村委員　総理大臣は興奮しない方がよろしい。別に興奮する必要はないじゃないか。(吉田国務大臣「失礼なことを言うな」と呼ぶ）何が失礼だ。(吉田国務大臣「失礼じゃないか」と呼ぶ）質問しているのに何が失礼だ。君の言うことが失礼だ。日本の総理大臣として答弁しなさいということが何が失礼だ。答弁できないのか、君は……。(吉田国務大臣「馬鹿野郎」と呼ぶ）何が馬鹿野郎だ。馬鹿野郎とは何事だ。これを取消さない限りは、私はお聞きしない。議員をつかまえて、国民の代表をつかまえて、馬鹿野郎とは何事だ。取消しなさい。

吉田国務大臣　……私の言葉は不穏当でありましたから、はっきり取消します。

西村はこのときは納得したが右派社会党が納まらない。議員に対する侮辱《ぶじょく》であるとして大野議長に「院議により相当の処分相成り度」という訴状を提出する。この訴状にもとづき野党は「議員吉田茂君を懲罰委員会に付するの動議」を提出する。前代未聞の首相懲罰動議である。首相を懲罰委員会にかける動議が三月二日衆議院本会議にかけられた。動議は一九一対一六二で可決された。民同派三八名、広川派三〇名の欠席が大勢を決した。緒方副総理は佐藤幹事長と協議して、広川農相および広川派の政務次官の罷免を首相に進言した。吉田首相は即刻罷免権を発動する。

野党は内閣不信任案を提出した。鳩山派と広川派は急速に接近した。三月十四日に不信任案は本会議に上程される。野党は、不信任案は出したものの、もしも可決されれば解散になるかもしれないと内心びくびくしている。なにしろ前回の総選挙からまだ五ヵ月半である。三木武吉はアメリカの要請があって解散はしない、総辞職になる、そうすればあとは鳩山首相だと吹聴《ふいちょう》した。

緒方は佐藤と意を合わせて、「不信任案が通れば解散」と党内に伝えた。広川派は一時は百名を超える勢いだったが、最終的に集まった者は二七名。民同派も分裂した。しかし三月十四日の本会議で広川派は不信任案に同調せず反対票を投ずる。結局、民同派二二名が不信任案に同調して内閣不信任案は成立した。この本会議に先立って民同派の三木、河野、石橋ら二二名が自由党を脱党していた。これを分党派自由党という。十六日には広川派一五名も脱党して分自党に合流、十八日鳩山を擁立した。政局の混迷ここに極まれりというべきであった。

第二十六回総選挙は昭和二十八年四月十九日に行われた。緒方は福岡県第一区から立候補、六九、七五八票をもって第一位で再選された。この総選挙で自由党は二〇二、鳩山自由党三五、改進党七七、右派社会党六六、左派社会党七二その他一四という勢力分野で、左派社党が再軍備反対を唱えて躍進した。

これより先、三月二十四日緒方は官房長官の職を解かれ、後任には福永健司が就任した。緒方は副総理専任である。第五次吉田内閣が発足するわけだが、政局はますます険しくなる。

「狸退治」と緒方派形成

緒方副総理はバカヤロー解散後の総選挙に際して、「選挙後、自由党は時代とともに歩めない政治家、大ダヌキ・小ダヌキを一掃し、陰謀政治家を締め出して、議会の信用を高めるように努力する」と語った。大ダヌキとは鳩山派の謀略家三木武吉のことであり、小ダヌキとは広川弘禅のことである。広川が鳩山の軍門に投ずる際とて、広川派を攪乱する意図があった。

果して、鳩山派が自由党から脱党したとき、広川に従って鳩山派に合流したのはわずか一五名であった。しかもかつて広川派の重鎮といわれた篠田弘作、菅家喜六らは自由党に残って、緒方を擁立することになる。これが、自由党に基盤を持たなかった緒方派を形成する要因となった。緒方派に集まった政治家は、篠田らの外、大達《おおだち》茂雄、石井光次郎、戸塚九一郎、山崎巌、田中伊三次、長谷川峻、馬場元治《もとはる》、灘尾弘吉、相川勝六、町村金五、大坪保雄ら大臣クラスの錚《そう》々たる顔ぶれで、その数四〇名になんなんとする勢いであった。いずれも緒方の気風を慕って来た面々である。

また広川派と並んで大きな派閥を率いた大野伴睦が緒方の後楯《うしろだて》になって、「緒方総裁実現を心密かに決心した」(『大野伴睦回想録』)のであった。さらには緒方は松野鶴平、林譲治、益谷秀次、前田米蔵といった党の長老たちとも綿密に連絡を取り合うようになる。

緒方が吉田内閣に入閣してまず感じたことに、政府の海外情報網の貧弱なことがあった。戦時期を経て十年近くの空白があるのでやむを得ない事情もあったが、情報局総裁を経験した緒方としては、外国の事情も分らなくて外交をやるのは闇夜に鉄砲をうつように思える。

いま、ラジオの発達により日本の空には外国の電波がひっきりなしに飛んでいる。これを捉えるだけでも海外事情の研究には大いに役立つ。捉えた情報は整理分類して政府各機関に流し、必要があればＮＨＫの海外放送を通じて対外宣伝もしたい。

この緒方構想が洩れると、新聞界や外務省から反対の声が上がった。野党はもちろん与党内からもきびしい非難が起きた。反対、非難の根拠は、この構想は戦時の同盟通信の復活ではないかとか、言論統制機関の復活ではないかとかいうものであった。緒方がいまさら情報局を復活させる意図などあるわけはないのだが、与党内には緒方への嫉視もあって、結局は内閣調査室を少し拡げるだけにとどまった。最近騒がれた個人情報保護法に対するジャーナリズムの反応にやや似たところがある。言論統制批判にすぐ飛躍するのである。

結局は、二十八年十月に社団法人内外調査会が設立され、これに国際情勢に関する資料収集の業務を委託することとなった。

さらに緒方は教育問題に危機感をもっており、当時、日教組の政治的偏向が問題になっていたが、五〇万の小学教員をもつこの大勢力に対して誰も手を下し得ない状況であった。

緒方は硬骨をもって知られる元内務官僚の大達茂雄を第五次吉田内閣の文部大臣に起用した。大達は第一九回国会に「教育公務員特例法改正案」と「義務教育諸学校における教育の政治的中立性の確保に関する法律案」のいわゆる教育二法を提出し、教職員の政治的行為を国家公務員並みに禁止しようとした。これに対して両社会党はじめ日教組、教育関係者から激しい反対があったが、大達文相は少しも譲らず、緒方もまた各派との交渉に出席するなど、大達を助けたため、二十九年五月両法案は成立した。

それについてはこんな話がある。あるとき、文教委員会関係者が接待費に五十万円ばかり要るが、文相の懐には一銭もないと訴えてきた。緒方はそこにあった包みをあらためもせず渡したが、「あとで調べると百万円だったそうだ。とんだ失敗をしたよ」と側近に語った。貰った方は「緒方さんは気前がいい。五十万といったら百万円呉れた。百万の援軍だね」と喜んだそうである。

吉田首相は改進党との連携による政局安定を考えていた。改進党総裁重光葵も自改連携に傾いていたが、党内には三木武夫、川崎秀二、若手で中曾根康弘といった強硬な反吉田勢力がいた。政調会長に就任した池田勇人はひそかに重光と連絡をとり、秘書の宮沢喜一をつれて日比谷の三信ビルで重光と何度か会った。(宮沢喜一『東京・ワシントンの密談』)

その結果、二十八年九月二十七日の朝、吉田首相の鎌倉重光邸訪問となる。池田の作成した合意事項について一時間懇談し、自衛力増強、駐留軍の漸減、国力に応じた長期防衛計画などにつき合意した。これを見定めて池田は渡米し、ワシントンでの池田・ロバートソン会談で防衛力増強の密談となる。

吉田・重光会談のとき重光が鳩山との会談をすすめたのに対し、吉田は「鳩山は病人だから会う必要はない」と、暗に重光に後継首班への可能性を匂わせるそぶりを見せた。（田々宮英太郎『鳩山内閣の舞台裏』）

ところが意外にも十一月十七日、吉田が鳩山を音羽の自邸に訪問、「君だけでもいいんだよ、帰ってくれよ」と要請し、二十九日に鳩山の自由党復帰となる。三木・河野ら八人は「日本自由党」を結成、黒澤明の映画「七人の侍」に因んで「八人の侍」といわれた。鳩山の復帰には金がからんでいた。安藤国務相と御三家は夏以来鳩山に復党を説得、「吉田首相は遠からず防衛問題で行き詰まる。その際あなたが党内にいなければ政権は緒方に行きましょう。悪くすれば重光に横取りされぬでもない。この機会をはずしたら復帰の機会は永久になくなるかもしれない」（田々宮前著）と焚《た》きつけた。

細川隆元の説によれば、復帰に際して二千万円が佐藤幹事長から鳩山に手渡され、これは鳩山が無理して分党派をつくった資金の穴埋めにされたという。この二千万円がやがて造船疑獄で佐藤幹事長逮捕請求の要因となる。

造船疑獄と指揮権発動

朝鮮戦争による特需景気が終わって、海運・造船業界が不況になると、昭和二十八年、外航船舶建造融資利子補給法などの優遇措置が講じられたが、業界はこれを不十分とし、運輸省や保守各党に働きかけて、三派共同修正案を成立させた。これの謝礼として、船主協会と造船工業会は約五千万円を集めて保守三派の政治家と官僚三十数人にばら撒いた。

翌年これが明るみに出て、贈賄側では造船五社の各社長らが逮捕された。収賄側では運輸省官房長らと代議士数名が逮捕され、四月中旬には自由党佐藤幹事長ら幹部と閣僚が逮捕されるだろうと報道された。

これより先、佐藤藤佐《とうすけ》検事総長は犬養健法相にこれらを耳打ちし、「この火は大火になります」と注意したのだが、犬養にはその意味がわからず、何の手も打たなかった。検事による大物政治家の事情聴取が始まり、検察首脳会議は二十九年四月二十日、佐藤幹事長逮捕の許諾請求を衆議院に出すことをきめ、これを犬養法相に伝えた。

ここで初めて犬養は緒方副総理を訪ね、「こういう事態になって申しわけない。自分の職を解いてもらいたい」と申し出た。緒方は早くから、問題になっている料亭に犬養自身が出入りしていることを知っていた。幹事長逮捕という事態まで追いつめられて辞表を出す犬養に内心愉快でない。問題の料亭には、深夜、「妻の好きな饅頭を買いに行った」などと弁明するのも男らしくない。

新聞は「佐藤幹事長、池田政調会長の逮捕間近し」と書き立てている。党内では、政治献金を事務的手続きを怠ったということで収賄に持って行こうとする検察を抑えるのが犬養法相の仕事ではないかという声が高まり、犬養の政治力を公然と批判するようになっていた。

『正伝佐藤栄作』は次のように記す。「犬養は党内で自分が強く非難され、全く信用を失っていることをよく知っていた。閣内でも誰も相手にせず、相談相手は緒方副総理だけだった。もともとわがままな坊ちゃん育ちの優柔不断な性格の犬養に法相は無理だった。これを吉田の好みで入閣させたもので、吉田には父親、犬養毅《つよき》の残像があったのかもしれない」

検察当局の追及が強まるにつれ、政府・自由党首脳は、検察庁法第十四条の「法務大臣は検事総長のみを指揮できる」とする政治優先条項を発動することをきめた。いわゆる指揮権発動である。

緒方は大磯の吉田首相に上京を促し、松野を交えて協議した。犬養辞任を含む内閣改造も話題になったが、吉田がうんと言わない。四月二十日は検察の逮捕許諾請求の出る日である。各紙朝刊は「佐藤・池田きょう逮捕」の大見出しを掲げている。佐藤はこの日の午後、目黒の公邸に吉田首相を訪れて、改進党の松村幹事長とのあいだで進めている新党運動の話を説明した。午後首相官邸で緒方にも同じ話をした。緒方の部屋に犬養がいた。犬養が帰ったあと、緒方は「犬養は予定通り指揮権を発動する」と告げた。佐藤がほッとした表情になる。が、犬養が決断するのはこの日の深夜になってからである。「暫時逮捕請求を延期し、任意捜査を継続せよ」という文書を以て指示した。

二十一日朝、目黒の公邸の朝食会に集まった吉田、緒方、松野、佐藤らは犬養の辞表はすぐ受理すれば指揮権発動は悪だったとの印象を与えるから、当分預かることを決める。だが犬養は緒方の私邸に現れて、記者団の入っている応接間をうろうろ歩き回ったりして、遮二無二法相を辞任してしまう。

第十一章　新党結成運動と緒方構想

保守合同、緒方構想の波紋

緒方はかねてから二大政党論者であった。それは若い日英国に留学したときの自分の見聞からの結論であった。戦後も、社会党を育成して保守党と両立するのが最もよい政治形態と考えていた。彼の保守合同論はここから来ている。

昭和二十九年三月二十八日、あたかも造船疑獄の雲行きがあやしくなってきたのを、神経痛療養中の吉田首相に伝えるため、緒方は大磯を訪問した。この時点では吉田側近は「(疑獄についての)

緒方の心配は取越苦労にすぎない」などと吉田に進言していて、吉田自身にもあまり切迫感はなかった。

このとき緒方は吉田に「保守合同によって一挙に政界の革正を計ってはどうか」と相談した。吉田はこの案に意外にも乗気であった。緒方の構想では、自由・改進両党を解党して新しい政党名の下、総裁は公選によって決める、という腹案である。新党の総裁には吉田を推戴する。重光、鳩山も立候補するであろうが、公選では吉田が当選できると踏んだ。

容易には賛成しないだろうと思っていた吉田首相が賛成したので、大磯から帰るとこれを新聞記者に発表した。吉田が心替わりしないうちにとの思惑もあった。「政局の安定は連立や切り崩しの方式はとらず、保守合同によって安定させることに首相と意見が一致した」「総裁、党名などは民主的に決めればよいと思う」「保守合同とは志を同じくするものが、自由であれ改進であれ、党をいったん解党して新たな政党に結集することである」というのが緒方構想の骨子である。

これが新聞で伝えられると政界に衝撃が走った。自由党内では早くも、緒方が保守合同の手柄を独占しようという野心から出たものだとの観測が流れた。改進党は芦田均のように賛意を表するものもいたが、大半は疑獄事件をカムフラージュするために改進党を道づれにしようとの魂胆《こんたん》だろうとの憶測が流れた。

緒方談話が新聞に載ると、翌二十九日、女婿の麻生が大磯へ行くし、三十日には佐藤幹事長も大磯へ出向いて首相の真意を聴きに行くという騒々しさである。新聞は連日緒方談話の波紋の拡がりを大々的に報じた。池田や麻生らの側近は緒方談話に好感を示さない。佐藤は吉田の肚は改進党内の親自由党派との合同だと確信した。

重光葵日記には「松村幹事長来訪、形勢報告。緒方構想なるものは佐藤幹事長、林、益谷等も何等関知し居らず、何《いず》れも驚かされたと云ひ居る有様なり」（二九、三、二九）とあり、側近の話では麻生太賀吉が大磯から帰っての話に、吉田は「そんな考えもあるね」と言ったにすぎなかったという。

自改両党内に緒方構想に対する慎重論があり、吉田首相も池田政調会長、福永官房長官、麻生太賀吉の意見から、新党結成が自身の立場を悪くすると心配し、緒方に「保守合同の件、慎重を期したし」と指示するに至る。しかし党は独自に動いていた。四月二日、自由党総務会は満場一致で緒方構想を支持することに決定した。

四月十三日、政府・与党は吉田・緒方・佐藤・池田・益谷・松野らの首脳会議を開き、保守新党結成の方針を決め、幹事長から改進党に申し入れることとした。

同日、佐藤幹事長は衆院議長室で改進党の松村幹事長に会い、「自由・改進両党の解党、新党結成、党首公選による保守合同」を申し入れるとともに、緒方副総理の筆になる左の自由党声明を発表した。

時局を案ずるに政局の安定は目下爛《らん》頭の急務であって、内外庶政の刷新も自立経済の達成も国民生活の充実もこれなくしては到底考えられない。それ故我が党は、昨年比較多数をもって内閣を組織するや態度を謙虚にしてもっぱら同憂諸勢力の糾合に努め、幸いに分党派自由党の共鳴復帰を得たことは世間周知の通りである。しかしながらなおもって政局を安定するに足りない。(略)ここにおいて我が党は広く天下に宣言し、同憂の諸勢力一時に解党し、ここに清新の地に新党を結成せんことを提唱するものである。(後略)

この「爛頭の急務」が若い新聞記者に理解できなくて、それゆえにこの語が一時流行したのである。改進党ではこれは造船疑獄で危うくなっている吉田政権の延命策で、まず吉田内閣の退陣が新党結成の前提であるとして譲らなかった。交渉は一時頓挫した。それでも別のルートで保守合同は進められ、四月二十八日には自由党内の緒方派、岸派、改進党の芦田派、日本自由党による新党結成協議会が設けられた。

改進党の重光総裁は「新党は瀆《とく》職の隠蔽や吉田内閣延命のためのものであってはならぬ。指導者と政策の更新によって人心の一新を図るべきである」との態度を明らかにし、新党結成の原則には賛成しつつも、条件として吉田退陣を迫ったのである。こうなると自改の交渉はうまく行かない。三党の交渉は政策の大綱では一致したが、党首問題で行き詰まって、六月二十三日、交渉は打ち切られた。

首脳部の交渉とは別に、改進党の自改連携派と自由党の鳩山派、岸派が中心となって、七月三日新党結成準備会が結成された。

自由党では佐藤幹事長辞任のあと、後任幹事長に緒方を推す声がつよく、緒方も一時は党に帰ることを考えた。この時期、吉田は混乱していた。吉田首相の外遊を控えて、緒方を内閣に留めおくべしとの声もつよく、七月十七日、吉田は幹事長に池田勇人をと内交渉したが、二十日にはこれを撤回し、緒方に「将来の準備もありこの際幹事長になってくれ」と懇請したかと思うと、二十四日には取り下げて再び池田指名を申し入れた。かくして七月二十六日、池田幹事長、大野総務会長の人事が実現した。

一方、新党結成準備会は明らかに反吉田新党を目論んでいたから、緒方としてはしばらく静観のほかなかった。吉田外遊の時期が迫っていた。九月十九日、重光、石橋、松村、三木武吉が鳩山を加えて、反吉田新党を結成することに意見が一致した。

こうした政情騒然たる中、吉田首相は欧米七ヵ国訪問の旅に出た。これは終戦以来主権の回復に至るまで各国から寄せられた好意と援助に対して謝意を表するのが目的であった。同時に党内では引退への花道造りと考えられていた。緒方は留守中臨時首相代理を務めた。

吉田首相の出発した九月二十六日、青函連絡船洞爺《とうや》丸（四、三三七トン）が強風のため函館港外で座礁転覆して、一、一五五名の死者を出すというわが国海難事故史上最大の惨事が起きた。吉田は外遊前、緒方に帰国後は総裁を譲ると確約したという。

空前の暴力国会で政局流動

第一九回国会で政府は教育二法案のほか、防衛庁設置法、自衛隊法のいわゆる防衛二法案などを提出し、重要法案の成立に審議は難渋を極めた。さらに警察法案の提出に至って審議の難航は頂点に達した。

この警察法案は、占領政策として国家地方警察と自治体警察の二重構造になっていたのを、これが警察権の有機的活動を妨げ、施設や人員の面からも重複が少なくないので、一元化しようとするものであった。これに対して自治体警察の存続を希望する五大都市側からは反対の声が挙がり、両派社会党からも、警察力の強化をはかるものとして正面からの反対を受けた。

保守三派の修正で、一年間に限り五大都市の自治体警察を続けるという妥協案が成立したが、社会党側の反対は収まらず、六月三日、本法案審議のため会期を二日間延長しようとしたところ、これを阻止するため両派の社会党議員が議長席を占拠した。自由党議員は午後十時三十分いっせいに議場に殺到して社会党議員と大乱闘を演じた。堤議長はいったん議場に入ったが議長席に着けず、議場外に押し出された。

緒方はこの有様を見て、暴力によって審議ができなくなっては議会政治の汚点であるとして、与党議員を督励し、議院の廊下まで警察隊を出動させることとし、警視庁予備隊二百名が十時四十五分衆議院に到着、緒方はもみくちゃになっている堤議長の許に赴き、

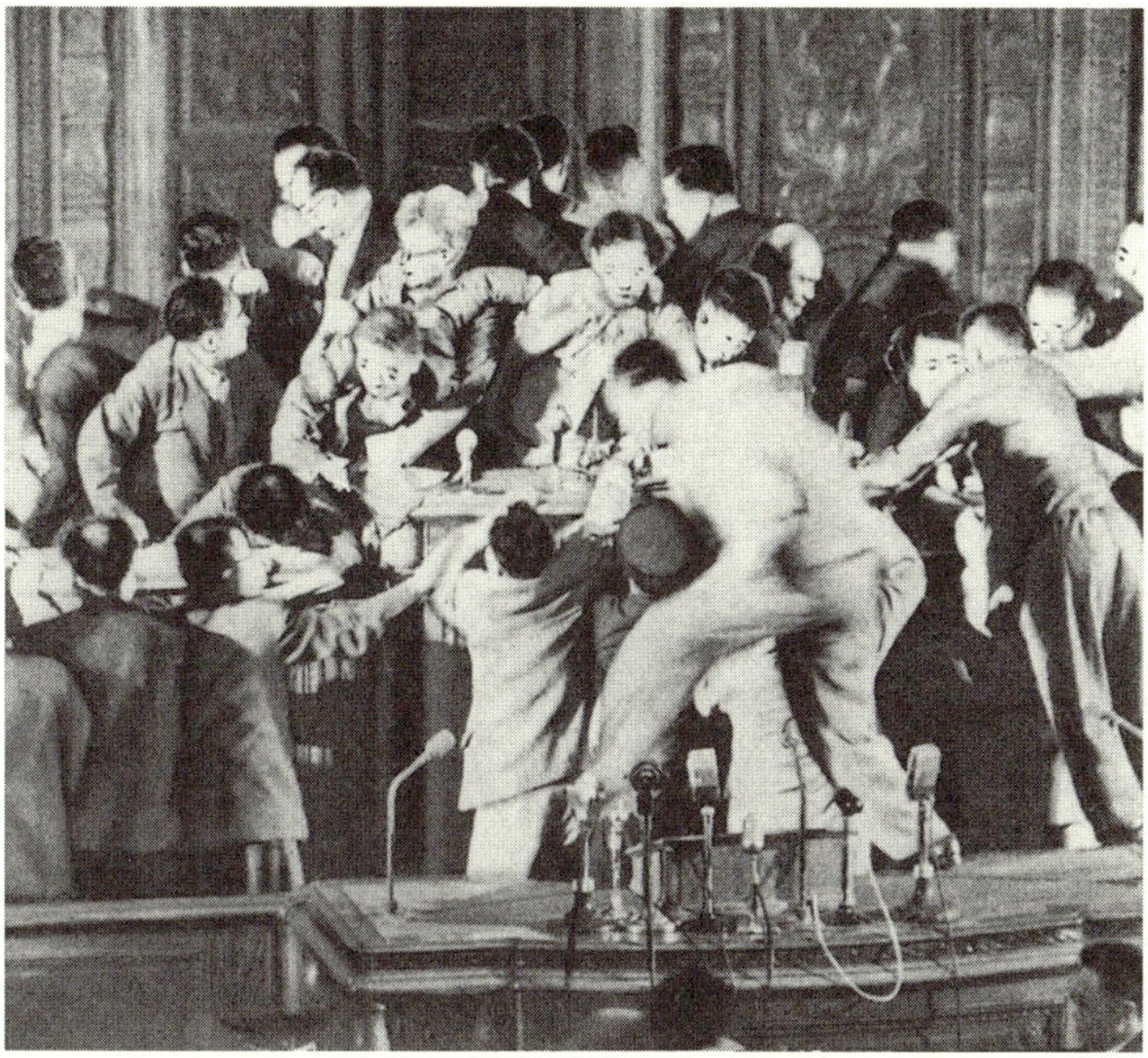

与野党大乱闘となった国会（昭和29年６月）（㊫）

「議長、しっかりして下さい。議長の命は護るからぜひ議場に入っていただきたい。衆議院の議事を暴力のじゅうりんに任せることは絶対にできません」

と要請した。

堤議長も緒方の熱心さに打たれ、重大な決意のもとに、自由党員に守られ再び廊下から議場に入り、議長席に着けないまま、怒号の中で指二本を立て、二日間の会期延長を宣言した。時に午後十一時五十七分であった。筆者は当時衆議院秘書課に勤務していて、この深夜国会に付き合わされたが、本会議終了後、京都府選出の社会党議員大石ヨシヱ、通称〝ヨッちゃん〟が議場前の秘書課に現れ、「これ見てェな」と振り向くと、黒いドレスの背中がビリビリ裂かれて肌が露出していた。ヨッちゃんは閣僚席を占拠していて、与党議員に背中を裂かれたのである。警察法案は六月七日衆議院を通過した。
緒方はこの国会の醜状を選挙区民に報じた。

私は記者生活を入れると四十数年議会を知っているわけで、議場における殴り合いや暴力沙汰も数知れず見てきたのでありますが、今度のような乱闘沙汰はいまだかつて見たことがありません。一番の問題は社会党代議士が議長席を占拠して議長の着席を拒み、議事を不可能にしようとしたことです……。

緒方が議場に入ったとき、議長席、事務総長席、国務大臣席を社会党婦人議員が占拠しているのを見て、「怒髪天を衝く思いを禁じ得ませんでした」。議長の職権がいかに神聖なものであるかを知らない議員たち、議会制民主主義をわきまえない議員たちに対する心底からの怒りをおぼえたのである。(「五反田通信」昭和二十九年八月十五日号より)
財界も清新強力な政治力の結集を求める動きを示した。十月十三日には日経連が「現段階におけるわれらの見解」を決議し、「清新にして強力な政治力」を要請し、十四日には経団連常任理事会が「政局の安定と財界の主体性」について協議、十五日、大阪商工会議所は「政局安定に関する要望」、二十日、経済同友会大会は「保守合同の要望」を発表した。

財界は吉田内閣総辞職による政局の収拾への方向に固まっていた。

吉田外遊中の十一月一日、新党結成準備会は鳩山一郎を準備委員長に選出、鳩山新党としての性格を顕わにしたため、自由党主流は十一月八日、岸・石橋の両者を除名した。

これに刺激されて、吉田帰国後の十一月二十四日、鳩山を総裁とする「日本民主党」が結成された。衆議院からは、重光総裁以下改進党六八名、日本自由党八名、自由党の鳩山派と岸派三七名、無所属・小会派の八名、計一二一名、参議院から一八名が参加した。総裁鳩山一郎、副総裁重光葵、幹事長岸信介、総務会長三木武吉、政調会長松村謙三の布陣で、文字通り反吉田連合政党である。その綱領には「独立自衛の完成」「自主国民外交」が盛り込まれ、吉田長期政権を「占領行政の惰性」と位置づける。

なにより、自由党から四〇名近くが新党へ流れ込んだことにより、自由党は衆議院で一八五議席という弱小政権党に落ちたのが痛手であった。

緒方竹虎がこの弱小政党を担って起死回生の道を歩まねばならない。

ワンマン政治の終幕

吉田首相は昭和二十九年十一月十七日、新党結成熱で湧いている東京に、五十余日の外遊を終えて帰国した。政界に広がっている反吉田の気運を牽制するため、二十二日、緒方と池田幹事長に相談の上、大野総務会長に宛てて、次のような書簡を送った。

拝啓　政界の現状を見るに政権争奪に堕し、政党政治、民主政治に対する国民の信頼を傷つけつつあり、かくては民主政治に対する国民の信用を失わしめ、国家の前途につき、まことに懸念にたえず、また小生の進退が政権に恋々たるが如き疑いを内外にいだかしむるにおいては、わが民主政治の基礎たる自由党のためにははなはだ面白からず、しばらくは小生一身の進退を度外視し、わが民主政治、政党政治確立のため、わが自由党としてはこの際いかに善処すべきかを虚心坦懐、慎重熟慮相わずらわしたく貴意を得たく候　　　　敬具

この書簡はまことに文意不明である。一体、首相自身は辞めるのか辞めないのか。読みようでは、この際気持ちを入れかえて民主政治確立のために善処されたいというにすぎないようにもとれる。

書簡を受けとった大野総務会長は回顧録で、「(書簡は)決して吉田さんが政治的引退を表明したものではなかった。しかしこの機会を逸しては、緒方総裁実現に手間どると、党内事情を判断し、『吉田さんもこういわれていることだし――』と、緒方君を後継者に決定してしまった」と述べている。

緒方を吉田の後継者と早くからきめていた大野は、吉田書簡を辞意表明と解釈した。十一月二

十八日の自由党両院議員総会は、適当な時期に吉田首相が勇退すること、後継総裁には緒方を推挙すること、次の第二〇回国会は吉田首相・総裁で行くことを決定した。

緒方はこの席で「責任の重大さに身のひきしまるのをおぼえる」と挨拶した。

野党となった日本民主党は、十二月六日、両社会党とともに、吉田内閣不信任案を提出した。七日に採決が行われる。野党三党が足並みを揃えれば、一八五議席の自由党に勝ち目はない。党内は騒然となってきた。たとい解散しても、いま国民の不人気を一人で背負っている吉田首相の下ではとうてい勝つ見込みはない。この際はいったん総辞職をして、緒方新総裁によって選挙に臨めば、鳩山の日本民主党に負けることはないという総辞職論が大勢をつくった。

緒方も最初は解散論であったが、党内の大勢に従って総辞職論をとるようになった。池田・佐藤のような吉田子飼いを除けば、長老の大野総務会長、松野鶴平らもあげて総辞職論を強調する。六日夜、政府・与党幹部が首相官邸に集まった。緒方副総理のほか、党三役に松野、佐藤、林、益谷が加わった。

緒方は中途で会議を抜け出し、目黒の公邸に吉田を訪ね、首脳会議の大勢は総辞職論に傾いていると報告した。

「総理、党内の大勢がかくなっている以上、解散を強行すべきではありません。強行すれば党内が分裂する危険があります。いったん屈して伸びる機会を待つためには、総辞職をした方がよいと思います」

緒方の報告に腹を立てた吉田は緒方に罵声《ばせい》を浴びせた。

「君ではわからん、池田君を呼び給え」

池田幹事長が呼ばれる。

翌十二月七日早朝、緒方は再び吉田を訪ねて前夜の所信を述べたが、吉田の考えは変わらない。

「総理があくまでも解散に固執されるなら、私は解散に必要な書類に署名しません。私を罷免して強行されたい。そうなれば、私は政界を引退します。かっこうの悪い西郷になりますよ」

この日は八時から目黒の公邸で首脳会議が開かれる。定刻より早く公邸に着いていた林と益谷に松野が話しかけた。

「こんな段階で解散しろなどと言う総裁は、党から除名してしまえ」

松野の語気の激しさに林も益谷も顔を見合せるばかりだった。吉田政権を陰に陽に守ってきた松野までも、吉田の政権欲にあきれたのである。

閣議がやはり公邸の二階で併行して開かれた。冒頭、吉田首相が、

「私はここで解散したいと思う」

と述べた。緒方は吉田の方を見やりながら、

「私の意見はさっきたっぷりと申し上げましたから、ここでは申し上げません」

と言った。

閣議では大達文相、石井運輸相、加藤鐐五郎国務相などが総辞職論で、解散論が保利農相、小

坂労相、岡崎外相、福永官房長官など吉田子飼いの大臣たちである。

十二月七日の緒方の日記にはこう記されている。

八時、総理と会談。前夜池田幹事長の報告にて緩和したるやに思ひたるに、前夜に増したる強硬論也。突礎に引退を決意す。実に下戴清風の感也。瞬間総理は僕の罷免を決意したるが如し。長老会議を併行して開く。閣議決せず、長老会議難行（航）。遂に総辞職論に決す。

党の幹部会は全員総辞職論である。その席に吉田が降りてきて、「閣議は解散に決めました」と言う。大野が色をなして「そんなはずはない、解散に反対の閣僚をわれわれは知っている。内閣は短く、党は長い。総裁といえども党を無視することは許さん」と詰責した。

吉田は二階に引き返そうとした。廊下で松野に出会う。松野は、階段に足をかけた吉田を呼び止めた。

「吉田君、今に及んで何を言うのか。総裁あっての党ではない、党あっての総裁だ。むちゃなことを言うなら総裁といえども除名してしまうぞ」

怒鳴った。葉巻をくわえた吉田の顔がゆがんだ。そのまま二階の書斎へ上がる。池田がその吉田を追った。「総理、かような大勢になりましては、もはや総辞職もやむを得ません」声涙ともに下る。

総理欠席のまま、緒方が主宰する閣議は総辞職を決定した。

吉田は首相と総裁の辞表を机上に残したまま、師走の街を大磯へと引き揚げた。七年二ヵ月に及んだワンマン政治は終わった。

吉田ワンマンの最後は国民からもマスコミからも見放された形だった。彼吉田茂はいやな人間には会わず、いやな会合には出席せず、野党との対話もなかった。言を構えて国会に出席せず、「傲慢で傍若無人」といわれた。その上、他とかけはなれた貴族趣味であった。しかし人によっては吉田の特権意識を首相として頼もしいと見る向きもあった。

吉田は新聞を嫌った。新聞は野党的で吉田を批判したからである。「新聞は読まないが、野村胡堂の『銭形平次』は読む」などとわざと憎らしいことを言ってはマスコミに嫌われた。

『正伝佐藤栄作』を書いたジャーナリストの山田栄三は言う。「吉田は退き時を誤った。講和会議からの帰国の途上、吉田は引退を勧める側近に『いま辞めれば神様のようにもてはやされるだろう』と返辞した。このカンは正しかったろうが、吉田にしてみればこの時は辞めるわけにはいかなかったろう」

「吉田が政治家として残したことで評価出来るのは、講和会議と池田・佐藤らの人材が育ったことだろうか。世上、吉田学校といわれ、吉田は数多くの有能な政治家を育て上げたように伝えられているが、実体はどうだろうか。吉田は好き嫌いが激しく容易に人を寄せつけないので、とり入るのが難かしかった。その上、娘和子の好き嫌いのフィルターを通すので、門はいっそう狭くなった。佐藤でさえ和子に嫌われて冷飯を食わされたことは前述した。吉田に接近するためには、気難かしくて扱いにくい女性だが、和子を通すのが早道だった。麻生家の門は狭く固かったが、目先のきく議員たちは競ってその門を叩いた。麻生の家がある渋谷・神山町にちなんでつけられた神山クラブは、ハイキングや麻雀会、時には仮装大会などもやった。佐藤夫妻は麻生家で行われた何かの会で『小さいときから、いいなずけ』の歌に合わせて二人で踊りをおどったこともある。……バカバカしい狂態を承知で調子を合わせていかなければならない相手だった。保利茂は麻雀をしながら豆しぼりの手拭で鉢巻をしめ、それがよく似合ったので、魚屋の茂ちゃんとか魚茂と呼ばれた。保利は意識して、豆しぼりの鉢巻をしてみせた」

たしかにこの時代、特定の権力者の下で、歪んだ政治形態が演じられた側面があった。

そしてその引き際に、吉田ほどの酷評を受けた首相も少ない。昭和四十二年十月、吉田元首相が死んだその日から、こんどは戦後の名宰相として生まれ変わった。世間とはそういうものかもしれない。

自由党総裁となる

一連の吉田引退劇について、緒方はアメリカ留学中の三男四十郎にこんな書簡をしたためた。

吉田総理は例によつて強気で解散論だつたが、党内の九割迄が総辞職論で、解散を強行すれば分裂しかない。今度は僕も強硬に自説を固執して、そのため吉田総理と喧嘩別れになつた。喧嘩別れといつては大袈裟《おおげさ》だが、思ひ直すことの出来ぬ人なので、アトも淡然と出来ぬらしい。僕もかういふことは、公の問題については致し方ない。(十二月十二日付)

吉田首相辞任のあと、翌十二月八日、自由党両院議員総会で緒方は自由党総裁に推戴された。池田幹事長が辞任したので、大野の了解を得て、石井光次郎を幹事長に指名した。こうして自由党の体制は大野派をバックにした緒方——石井コンビで推進されることになる。

政党総裁としての緒方の第一の課題は次期首班の決定であった。緒方の周辺では、左派社会党は鳩山に入れず緒方に入れるなどと楽観的な予想をする者もいたが、結局、両社は「吉田政権の後継者には政権を渡さない」と決め、かつ鳩山が来年一月の解散を約束することで鳩山指名を決めた。その結果、首班指名は衆院で鳩山二五七、緒方一九一、参院で一一六対三五で鳩山が緒方を破って次期首班に決定、鳩山内閣の誕生となった。

鳩山は新任早々、目黒の公邸はじめ大臣の公邸廃止、護衛廃止、公務員と業者との麻雀、ゴルフの禁止など大衆受けのする方策を相次いで発表、鳩山自身の開放的な性格とともに大いに大衆に歓迎され、〝鳩山ブーム〟を招来した。

自由党総裁に就任する緒方

特に院外団の廃止は画期的であった。自由党も改進党も戦前いや明治期から院外団を持っていて、政党の分身のようなものであった。昭和期ではこれが党や内閣の要人警護を任とした。総裁、幹事長などの身辺を護衛する。与党となれば大変である。首相にはいつも五指を数える院外団の猛者《もさ》が終始くっついている。筆者もよく衆議院二階の院内首相室から廊下を玄関のエレベーターまで、黒い一団が流れて行く光景を目撃した。先導は衆議院警務課の守衛長、それに秘書官、見るからに強面《こわもて》のする数人の院外団がつづく。その輪の中にソフト帽、葉巻、ステッキの小柄な吉田首相が埋もれて歩く。

首相がエレベーターに乗ると猛者どもはダダダッと階段を駆け下りて、玄関への階段脇に並んで最敬礼する。その中を首相は秘書官と警護をつれて、玄関に横づけにされたヴュイックに乗り込む。こういう光景がいつもだった。この院外団を解散させたのである。

この首班指名の第二一国会の昭和三十年一月二十三日の衆議院本会議で、緒方自由党新総裁ははじめて鳩山内閣への代表質問演説に立ち、「鳩山君は出たり入ったりまた出たり」との名文句を吐いて、議場の爆笑を誘った。鳩山が同志とともに自由党を脱して分党派自由党をつくり、八ヵ月後には復党し、一年後にはまた脱党して日本民主党をつくったことを皮肉ったのである。

翌二十四日、衆議院は解散となった。

緒方はいまや満身創痍となった自由党を率いて全国遊説の旅に出たが、客観情勢も党内情勢も明らかに不利であった。それでも緒方の行くところ、演説会はどこでも超満員で、これには緒方も気をよくした。

総選挙は二月二十七日に執行された。緒方自身は福岡県第一区から出て、六八、一九一票という圧倒的多数を獲得して一位当選を果たしたが、総選挙の結果は、日本民主党一八五、自由党一一二、左社八九、右社六九で、自由党は惨敗であった。

しばらくはいばらの道を歩まねばならない。全国遊説の旅を終えて、開票の日を五反田の自宅で迎えた緒方は、開票結果をテレビで眺めていたが、相次ぐ自由党員の敗北に「もう寝よう」と淋しく二階の寝室へ去った。

終　章　巨星墜つ

保守合同、五五年体制成る

総選挙後の第二次鳩山内閣は発足当初から不安定であった。衆院勢力一八五では予算も法律案も順調な審議は期待できない。そこで再び保守合同論がもち上がる。前回の火つけ役は緒方であったが、今回は三木武吉であった。

日本民主党総務会長の三木は三十年四月十三日、郷里の香川県高松へ向かう車中で、「保守勢力の結集は一刻も早い方が国家のために望ましい。それは必ずしも民主党が中心でなくともよい。

またあえて鳩山内閣に固執するものでもない。われわれは自由党の正式機関である緒方・石井の線を相手とする。保守合同の成否は緒方総裁の勇気の有無にかかっている」と語った。

この反響は大きかった。内閣成立後わずか半年足らずで民主・自由の合同を主張することも突飛であったが、ましてや出来たばかりの鳩山内閣にこだわらないと言うのである。談話の主は当代の実力者三木武吉である。思いつきであるはずはない。しかもこの四月十三日は奇しくも一年前に緒方が「爛頭の急務」と呼びかけた日であった。

民主党内の反応は微妙であった。岸、石橋、芦田らは賛成。松村謙三、大麻唯男、三木武夫ら旧改進党系はむしろ保守連合論で、三木談話に賛意を表さなかった。鳩山はじめ鳩山系は内閣総辞職に触れているので不満だった。

自由党も最初はひややかであった。緒方総裁は遊説先の福岡板付空港で、「三木個人の車中談を自由党総裁が批判することはない。自由党はあくまでも健全野党として是々非々主義で行く」と語り、石井幹事長も「保守合同は本来自由党の主張であり、とくにいま議論しなければならない問題ではない」という見方であった。

三木が話し合いの相手に選んだのは大野伴睦であった。三木と大野は東京市議会以来三十年来の政敵で、大野は「鳩山先生を誤らせたのは三木の古狸だ」と言いつづけていた。二人を引き合わせたのは民主党の河野一郎と自由党の篠田弘作であった。河野も篠田も元朝日社員であり、河野を朝日に入れたのは緒方であった。篠田は広川派四天王の一人であったが、広川弘禅から離れて緒方の幕下に参じた。大野ははじめ篠田から話を聞いたときは渋ったが、緒方が「面白い会談だ」と言うのを聞いて決心した。

三木・大野会談は五月十五日夜、芝高輪のアラビア石油社長山下太郎邸で行われた。三木は熱心に保守合同を説いた。大野は「だまされまいという用心が吹きとんで、爺さんの誠意に打たれた」（『回顧録』）とたちまち意気投合した。

以後、秘密裡に自由党・民主党の幹事長、総務会長による四者会談がひんぱんに行われ、五月二十三日、正式に四者による保守合同の会談が行われ、六月四日、緒方・鳩山の両党首公式会談が行われた。両党の政策委員は七月、新党の使命、新党の性格、新党の政綱を作成し、発表した。党首選出をめぐって一時は暗礁に乗り上げたが、大野のチエで当分総裁代行委員制をとることになった。

自由党は十一月十四日、千代田区永田町小学校において解党大会を挙行、同日民主党も永田町のグランドホテルで解党大会を開催した。その夜、緒方・鳩山を含む民自首脳六者会談が開かれ、新党の党名を「自由民主党」とすること、鳩山は次期内閣首班として政務を担当し、新党の党務は主として緒方の担当するところとし、総裁代行委員には緒方・鳩山・大野・三木が就任、幹事長岸、総務会長石井、政務調査会長水田三喜男を決定した。

十一月十五日、自由民主党の結成大会が東京神田の中央大学講堂で開かれた。衆院二九九名、参院一一八名の大勢を有する新保守政党が誕生、時を同じくして統一した日本社会党とともに二大政党として発足することになる。岸の後日談では「初代総裁は鳩山で、その次は緒方と首脳部の間では話がついていた。とにかく日ソ問題を鳩山にやらして、それを機にやめさすという筋書きだった」という。

この辺の心境を緒方は三男四十郎に書き送っている。

保守合同も「ラン頭の急務」以来一年八ヶ月で、一応の結論が出来た。アメリカの新聞は恐らく保守合同は最早や出来ぬものと思つてゐたに相違ない。日本でも最後の最後まで、出来ぬといふ宣伝や、出来さすまいとする策謀が行はれた。今度は三木武吉は真剣であつた。三木と石井、松野、大野は一生懸命だつた。四月までにはまだ色々の事があらうが、保守合同の大半の目的である保守勢力の結集は完成したのだ。ヲガタが最初の総裁になるか否かは次の問題だが、これがなくても保守合同の名で成し遂げた事実は大きいと思ふ。追ひツメて見たが四月迄は公選に応じないことが明瞭になつたので、「代行制」といふことに一夜で腹を決めた次第だ。

（三十年十一月二十三日付）

「巨星、地に墜つ」

総裁代行委員として党務をあずかる緒方としては、自由民主党支部結成のため各地を奔走しなければならなかった。十一月下旬、招かれて埼玉県武蔵嵐山《らんざん》に行き、そこで風邪をひいてなかなか癒らなかった。十二月に入るときびしい遊説の旅が始まった。岡山、高松、いったん帰京して大阪、神戸、京都と回ったが気管支炎が悪化して発声できず、空路帰京してしばらく静養した。福島、奈良、北海道と飛んで十二月二十五日には本格的静養のため熱海に向かったが、途中大磯に吉田茂を表敬訪問した。一別以来である。

明けて昭和三十一年一月二日、すすめられて心電図を測ってもらうと不整脈が二ヵ所あると診断され、五日には宿を熱海ホテルに移して静養をつづけることにした。八日には夜半に呼吸困難となり、応急手当を受けるほどであった。

静養中も訪れる人が絶えなかった。政客、新聞記者、友人である。緒方は正月一日のラジオ九州で安川第五郎、出光佐三との「新春放談」で、

「今年はね、私は頼みもせんのに、あっちこっちから、お前の運勢がどうのこうのと、手紙で言ってくる人があるが、今年は素晴らしいんだ、節分以後。三年間いいそうだ。付き合うなら今のうちだ」

と冗談を飛ばしていた。一月十五日には朝日のもとの同僚美土路昌一を招いて余人を交えず記者時代の懐旧談にふけった。このとき緒方は「僕の心臓はどうもよくないらしい、いわゆる乱脈というやつなんだ」と語った。

美土路はこのとき「日本を代表する政治評論家としては君を措《お》いてない。どうしてもこの際、

政界を退き、再び文筆を持ち、今までの言論界、政界の経験を生かして日本政界に一生面を開いてほしい」と語った。緒方も乗気で「二年ほど待ってくれ、ぜひやっておきたいことがあるから。それを成し遂げたらきっと引退して筆を執《と》るよ」と答えた。

一月二十三日、病軀をおして東京に帰った。二十四日には西日本新聞の午餐《ごさん》会に出席、二十五日は再開国会に出席、二十七日には福岡県人会にも出席したが、唇の色は紫色で顔色も悪かった。翌二十八日は石井、松野と千住の尾花屋で鰻《うなぎ》を食べる約束をしていたが、これを取り消して自宅で休んだ。寝間の二階六畳間に木庵の「無客盡日静」の書がかかっていた。

夕刻から息苦しそうにするので、近所の医師小宮博士を招いて応急手当を受け、一時は脈拍も呼吸も整ったので、医師は引き揚げた。その後はコト夫人一人が緒方に付き添っていたが、ときどき息苦しそうにするので「大丈夫ですか」と尋ねると、そのつど「なんでもない」と答えて寝つづけた。そして午後十一時四十五分、突如呼吸が止まった。ほとんど苦しみのない静かな臨終であった。

一月三十一日、衆議院では異例の社会党党首鈴木茂三郎による追悼演説が行われた。葬

緒方の自民党葬は回葬者の長い列が続いた

儀は築地本願寺で自由民主党葬をもって行われた。参列者一万数千人で、大正八年の大隈重信の国民葬以来といわれた。青山墓地に吉田茂執筆の墓標が建てられた。

緒方は超多忙な自由党総裁としての日程の中で、三十年五月母校修猷館の創立七十年記念式典に臨み、在校生を前に一場の演説を試みたが、これが事実上の遺言となった。「君たちが日本の再建を立派に成し遂げること」「国民の独立の気魄《きはく》を取り戻すべきこと」を熱心に訴えた。

最後に緒方が亡くなったときの朝日新聞の天声人語を以て結びとしたい。

一度は国政を担ってもらいたかった。緒方には無冠の帝王の面影があり、言論界の王座を占めた。二・二六事件では腹のすわった国士の風趣もあった。政界では憲政の筋道を通そうと深く心に潜め、吉田首相の解散論を排して総辞職させたことも、その志は政治の民主的ルールの確立にあった。思う存分、国政を宰理させたかったが、大成を待たず、巨星、地に墜ちた。

あとがき

本書は『西日本文化』に十二回にわたって連載したものに、百枚以上加筆してまとめたものです。本書執筆にあたっては、朝日新聞社刊の正伝『緒方竹虎』を主に、筆者の目の届く限りの伝記・評論、関係資料を利用させてもらいました。それらは巻末に書名を記して敬意を払うことにしました。

緒方は新聞人として時代の証人であったばかりでなく、政治家として戦中戦後の歴史を体験してきました。その間、一貫してリベラルを信念として貫いたことは賞賛に値します。緒方を描くことは、その人物を描くとともに、時代を描くことでありました。

なお私事に渉って恐縮ですが、私は本書執筆の間、頸椎症、腰椎症のため、二度の手術を経験しました。歩行も困難だった私が独りで歩けるまでに回復したのは、執刀に当った阿佐谷河北総合病院の清水敬修先生並びに療法士の皆さんのおかげです。付記して感謝申し上げます。

本書の出版にあたっては、終始弦書房の三原浩良代表の助言助力をいただきました。記してお礼申し上げます。

平成十八年七月

東京阿佐谷にて

渡邊　行男

◆主要参考文献

『緒方竹虎』伝記刊行会編（朝日新聞社、昭和三十八年）
『緒方竹虎』栗田直樹（吉川弘文館、平成十三年）
『人間緒方竹虎』高宮太平（四季社、昭和三十三年）
『緒方竹虎』修猷通信編・刊（昭和三十一年）
「緒方竹虎伝記編纂資料」（国会図書館憲政資料室蔵）
『緒方竹虎』嘉治隆一（時事通信社、昭和三十七年）
『遥かなる昭和』緒方四十郎（朝日新聞社、平成十八年）
『人間中野正剛』緒方竹虎（鱒書房、昭和二十六年）
『一軍人の生涯』緒方竹虎（文藝春秋新社、昭和三十年）
『問答有用Ⅱ』徳川夢声対談集（朝日新聞社、昭和二十八年）
『現代政治家論』阿部真之助（文藝春秋新社、昭和二十九年）
『昭和人物史』細川隆元（文藝春秋、昭和三十一年）
『隆元のはだか交友録』細川隆元（山手書房、昭和五十二年）
『明治以後五大記者』嘉治隆一（朝日新聞社、昭和四十八年）

『葛山鴻爪』小磯国昭（丸ノ内出版、昭和四十三年）
『東久邇日記』東久邇稔彦（徳間書店、昭和四十三年）
『大野伴睦回想録』（弘文堂、昭和三十七年）
『回想八十八年』石井光次郎（カルチャー出版社、昭和五十一年）
『戦後政治の覚書』保利茂（毎日新聞社、昭和五十年）
『三木武吉太閤記』重盛久治（春陽堂書店、昭和三十一年）
『政界三十三年』篠田弘作（篠田弘作政治経済研究所、昭和五十三年）
『自民党人物風雲録』足立利明（新世代システムセンター、昭和三十八年）
『会津志魂風雲録――町野武馬翁とその周辺』刊行会編（刊行会、昭和三十六年）
『重光葵手記』正続　伊藤隆・渡邊行男編（中央公論社、昭和六十一年、六十三年）
『戦後政治』上下　升味準之輔（東京大学出版会、昭和五十八年）
『二・二六事件全検証』北博昭（朝日新聞社、平成十五年）

渡邊　行男（わたなべ・ゆきお）

1926年福岡県豊前市生まれ。明治大学文学部中退。衆議院事務局、憲政記念館（企画調査主幹）勤務。のち福岡県豊前市立図書館長。

主な著書に『宇垣一成』『重光葵』（以上中公新書）『守衛長の見た帝国議会』（文春新書）『中野正剛自決の謎』『秋霜の人広田弘毅』（以上葦書房）その他多数。

緒方竹虎《おがたたけとら》　リベラルを貫く

二〇〇六年八月三〇日第一刷発行

著　者　渡邊《わたなべ》　行男《ゆきお》

発行者　三原　浩良

発行所　弦　書　房

〒810−0041

福岡市中央区大名二―二―四三―三〇一

電　話　〇九二・七二六・九八八五

ＦＡＸ　〇九二・七二六・九八八六

印刷・製本　大村印刷株式会社

落丁・乱丁の本はお取り替えします。

ISBN4-902116-63-4　C0023